ANITA ALBUS

KÄUZE UND KATHEDRALEN

Geschichten, Essays
und Marginalien

S. FISCHER

Erschienen bei S.FISCHER
2. Auflage April 2023

© S. Fischer Verlag GmbH, Frankfurt am Main 2014

Satz: Dörlemann Satz, Lemförde
Druck und Bindung: CPI books GmbH, Leck
Printed in Germany
ISBN 978-3-10-000634-9

INHALT

»Erinnerung ist das Leben selbst«
Zum hundertsten Geburtstag von Claude Lévi-Strauss   7

Der gelbe und der blinde Fleck 17

Die gemordeten Kathedralen 43

Das anmutige Rätsel des Erdbeerbaums 55

Es war einmal Europa 69

Schwarze Schwungfeder der Verheißung 75

Der sechste Sinn 93

D'Arcy Wentworth Thompson
Gelehrter, Sammler, Morphologe 97

Findelvögel 105

Das Tier 119

Laudatio zum Sigmund-Freud-Preis
für wissenschaftliche Prosa auf Josef H. Reichholf ... 129

Dankrede zur Verleihung des Friedrich-Märker-Preises
für Essayistik 135

Vorstellungsrede vor der Akademie für Sprache
und Dichtung 143

Dankrede zum Johann-Heinrich-Merck-Preis
für Essayistik 147

Kunst kommt von Kochen 153

Die Gaben der Schildkröte 157

Muttersprache 165

Echonamen aus Uppsala 167

Darwins Denken 169

Zeitgebilde 171

Quellenverzeichnis 175

»ERINNERUNG IST DAS LEBEN SELBST«
Zum hundertsten Geburtstag von Claude Lévi‚Strauss

Ein zauberhaftes Bild, von Raymond Lévi‚Strauss, dem Vater des Ethnologen, im Sommer 1910 in Öl auf Lein‚ wand gemalt, zeigt den kleinen Claude in spitzengesäumtem Kleid mit Puffärmeln auf dem Schoß seiner Großmutter Lea, die ihm ein Stoffkinderbuch hinhält, das er seit nun‚ mehr achtundneunzig Jahren betrachtet und eben umblät‚ tern will. Aus dieser Zeit seiner frühen Kindheit, als er noch im Kinderwägelchen sitzend von seiner Mutter spazie‚ rengeführt wurde, stammt eine von ihr überlieferte Anek‚ dote. Sie kam mit ihm an den Ladenschildern von Metzgerei und Bäckerei – *boucherie* und *boulangerie* – vorbei, als er aus‚ rief, die ersten drei Buchstaben müßten *bou* heißen, weil es hier wie dort die gleichen seien. Der Ethnologe hat darin die ihn auszeichnende strukturalistische Intuition erkannt, die tief verwurzelte Freude an der Entdeckung von Invarianten. Ein Romancier, den Lévi‚Strauss zu seinen geistigen Ahnen zählt, war mit der gleichen Intuition begabt. In den »Notizen über Literatur und Kritik« beschreibt Marcel Proust den ihm eigenen Spürsinn für Relationen als den Knaben in sich, der selig zwischen Ruinen spielt. Dessen Glück währt so lange, wie sich ihm etwas Allgemeines zwischen zwei unterschiedlichen Erscheinungen offenbart. »Er stirbt unverzüglich im Besonderen« und lebt unmittelbar wieder auf, wenn er »zwischen zwei Ideen, Eindrücken oder Empfindungen, zwischen zwei Büchern eines Autors oder zwei Bildern ein und desselben Malers eine tiefe Verbindung entdeckt.«

So verschieden sie als Personen auch erscheinen, der vor seinem Rückzug aus der mondänen Gesellschaft redselige Charmeur und der schweigsame Verbündete vom Aussterben bedrohter Indianer, ihrer strukturalistischen Intuition entspricht die gleiche Moral. Zum Stichwort »Arbeit« notiert Lévi-Strauss: »Mittel, ein gutes Gewissen zu haben«, während Proust vom »Moralinstinkt« spricht, der zu vollbringen gebiete, was am schwersten fällt, »um unsere Schwächen und Laster aufzuwiegen«. »Nicht vergessen«, mahnt er in den »Notizen«, »Bücher sind das Werk der Einsamkeit und die *Kinder des Schweigens*. Die Kinder des Schweigens dürfen nichts mit den Kindern des Geredes gemein haben, den Gedanken, die aus dem Wunsch, etwas zu sagen, aus einem Tadel, einer Meinung, d.h. einer unklaren Idee geboren sind.«

Paroles données ist der schöne Titel des Buches von Lévi-Strauss, das einen Überblick der Vorlesungen und Konferenzen gibt, die er von 1951 bis 1982 in freier Rede an der *École pratique des hautes études* und am *Collège de France* abgehalten hat. Der Meister, dessen Werk jüngst in die Pléiade aufgenommen wurde, ist auch ein Meister mündlicher Rede. Lang ist die Liste seiner Bücher, Artikel und Vorträge, fast ebenso lang die der Gespräche, die mit der Veröffentlichung einzelner Werke verbunden waren. Die Bibliographie in der Festschrift zu seinem sechsundneunzigsten Geburtstag, die 2004 in den *Éditions de l'Herne* erschien, führt von 1958 bis 2002 siebzig Interviews auf.

Alles hat seine Zeit und seinen Ort, die gedeihliche Abgeschiedenheit beim Herausschälen von Sinngeflechten aus Hunderten von Mythen Süd- und Nordamerikas und ihren tausend Varianten wie die klaren Erläuterungen zu Leben und Werk in der Öffentlichkeit. Mit der Gelassenheit des Stoikers hat sich Lévi-Strauss den repetitiven Fragen seiner Mitmenschen gestellt. Die denkwürdigste Antwort auf die immer wiederkehrende, was seine jüdische Herkunft ihm bedeute, hat er 1981 den Besuchern des Musée de Cluny im Katalog der jüdischen Sammlung anvertraut. Die Judaica des Musée de Cluny in Paris stammen aus der Sammlung seines Urgroßvaters väterlicherseits. Der Komponist Isaac Strauss, 1806 in Straßburg geboren, war gegen Ende der Regentschaft von Louis-Philippe und während des Zweiten Kaiserreiches Leiter des Ballorchesters bei Hofe. Der ungestüme Dirigent »zerbrach regelmäßig mehrere Violinbögen, und es hieß, man könne an der Lage seiner Krawatte, die im Laufe der Nacht dreimal seinen Hals umwanderte, die Uhrzeit ablesen«. Illustre Gäste verkehrten in der Villa Strauss in Vichy. Lea Strauss, zweitjüngste von fünf Töchtern, erzählte gern, daß sie als Siebenjährige von Rossini auf die Stirn geküßt wurde, woraufhin sie schwor, »sich nie wieder das Gesicht zu waschen, um die Spur der göttlichen Lippen zu erhalten«. Isaac Strauss arbeitete mit Berlioz zusammen, und Offenbach überließ es ihm, einige seiner berühmten Quadrillen zu schreiben. Die Arien der *Belle Hélène*, des *Orphée aux enfers* und der *Grande-Duchesse de Gerolstein* durchtönten die Kindheit von Claude Lévi-Strauss. Für die Wagner-Begeisterung seines Vaters hatte dessen Mutter wenig Sinn. In Leas Ohren klang die Tannhäuser-Ouvertüre »wie das wirre Geräusch von Wasser, das zu kochen beginnt«.

Ein doppeltes Band vereint Lévi-Strauss mit seinem Urgroßvater: die Liebe zur Musik und die zu den bildenden Künsten, denn der Komponist war auch ein leidenschaftlicher Kunstsammler, »in jener verflossenen Zeit, als die verschmähten Schätze, selbst bei den Trödlern, für ihre Ehrenrettung nur auf den Scharfblick eines *Vetter Pons* warteten«. Die Reste seiner Sammlungen wurden von Lea, ihrer Schwester und den Kindern der Strausstöchter selig in ihren ältlichen Wohnungen gehütet. Dort erwarb der kleine Claude seine ersten Kenntnisse in Kunstgeschichte und seinen Geschmack an Dingen alter Zeit. Seit den Plünderungen der Deutschen sind fast alle gehüteten Schätze der Familie verschollen.

Die Erinnerung an seinen Urgroßvater hält für Lévi-Strauss »die Glieder einer Kette zusammen. Durch jene, die ich kannte und die ihn kannten, dessen Mutter, aber ich weiß nicht warum, anscheinend nur knapp der Guillotine entging, fühle ich mich einem anderen Jahrhundert zugehörig, weniger durch das Vermächtnis zweifelhafter Chromosomen, die für gemeine Leidenschaften verantwortlich sind, als durch die seit der Kindheit aufrechterhaltene Vertrautheit mit Objekten sinnlicher Natur, musikalische, plastische oder dekorative. Zu ihnen gehören die in dieser Ausstellung erneut vereinten, die anzusehen man mich einst mitnahm in den Saal, den das Musée de Cluny ihnen dauerhaft gewidmet hatte, und wo ich durch die Inschrift des Namens Isaac Strauss auf der Türfront von einem Gefühl durchdrungen war, daß sie nicht nur durch ihre ursprüngliche Herkunft, sondern durch die Verknüpfung mit der ganzen Vergangenheit meiner Familie ein Teil meiner selbst sind, oder besser gesagt, in mehr als einem Sinn war ich ein Teil von ihnen.«

Teil der jüdischen, Teil der französischen Geschichte. Seit Generationen assimiliert, war die Familie selbstverständlich patriotisch gesonnen. Der achtjährige Claude ließ es sich nicht nehmen, während des Krieges mit seinen kleinen Ersparnissen begeistert zum Erhalt der französischen Armee beizutragen. Ansonsten wanderte sein Taschengeld seit seiner Schulzeit zu den Trödlern. Sein Vater förderte seine Liebe zu exotischen Raritäten, indem er seine schulischen Leistungen, außer mit gemeinsamen Besuchen des Louvre, mit japanischen Farbholzschnitten belohnte.

Mit dem ersten seiner »Bilder der fließenden Welt«, den *ukiyo-e*, gestaltet er in einer Schachtel das Modell eines japanischen Interieurs. Er übt sich als Maler, spielt Geige und versucht, eine Oper zu komponieren. *Schauen, Lauschen, Lesen* – nach wiederholter Lektüre eines gekürzten *Don Quichote*, den man dem Zehnjährigen schenkt, kann er sein Lieblingsbuch auswendig. Chateaubriand, Rousseau, Balzac, Proust, Autoren, die er ein Leben lang immer wieder lesen wird, beginnt er im Jünglingsalter zu entdecken. Während der Ferien in der Bretagne und Normandie und, ab 1920, in den Cevennen, übt er sein Auge an Werken der Natur, an Steinen und Muscheln, Gräsern, Blumen und Bäumen, an Pilzen und an allem Getier. Wie in *Traurige Tropen* geschildert, ergreift ihn am Hang einer Hochebene im Languedoc das Wunder der Verschmelzung von Zeit und Raum, als er bei der Betrachtung eines verborgenen Risses im Felsgestein, wo einst zwei Ozeane aufeinander gefolgt sind, zwei Ammonshörner entdeckt, deren unterschiedlich geformte Windungen bezeugen, daß sie im Abstand von einigen zehntausend Jahren entstanden sind.

Wie das Samenkorn eines Baumriesen, in dem das Programm künftiger Entfaltung schlummert, erscheint das in *Traurige Tropen* eingegangene Fragment eines Romans, das er 1935 während seiner ersten Überfahrt nach Brasilien auf dem menschenleeren Deck des Schiffes »im Zustand der Gnade« verfaßt hat: das mit unüberbietbarer Sinnesschärfe dargestellte Schauspiel eines Sonnenuntergangs, in dem sich die atmosphärischen Ereignisse des verflossenen Tages zusammenballen. »Die Erinnerung ist das Leben selbst, wenn auch ein Leben anderer Art«, sagt uns der »Sonnenuntergang«. Die Poesie dieser Schilderung verdankt sich der vollkommenen Durchdringung des Sinnlichen mit dem Intelligiblen, der Beseelung von Wolken und Gestirn, deren Verwandlungen zugleich die Gesetze der Wolkenbildung und Lichtbrechung spiegeln. Das künstlerische Genie, das sich darin wie im weiteren Werk von Lévi-Strauss offenbart, entspricht dem von Proust beschriebenen, es »wirkt nach Art sehr hoher Temperaturen, welche die Macht besitzen, die Atome aus ihren Verbindungen zu lösen und sie im absolut anderen und einem anderen Typus entsprechenden Ordnungen neu zu gruppieren«.

Die Analyse der *Elementaren Strukturen der Verwandtschaft*, 1948 der Sorbonne als Dissertation vorgelegt, ist während der Emigration in New York entstanden, wo Lévi-Strauss die Grundlagen seiner ethnologischen Kenntnisse durch das tägliche Studium im »Americana«-Saal der *New York Public Library* erwarb. Die bedeutsamste Begegnung dieser Jahre als Lehrer an der *New School for Social Research*, Mitbegründer und Generalsekretär der *École libre des hautes études de New York* und Freiwilliger der *Forces françaises libres*, war die durch Alexandre Koyré vermittelte mit Roman Jakobson, durch den er die strukturale Linguistik entdeckte und der ihm bis zum Tode ein brüderlicher Freund bleiben sollte. Auch für die Entfaltung seiner Fähigkeit, aus Werken »primitiver« Kunst das Denken herauszulesen, das sich in ihnen verdichtet hat, war für Lévi-Strauss New York der ideale Ort, der damals ein wahres Paradies für Sammler von Objekten versunkener Welten war. Die Erinnerung an die glückselige Sammlerzeit, als er die Streifzüge zu den Händlern in Gesellschaft seiner Freunde Max Ernst und André Breton unternahm, hat er 1977 für den Katalog der Ausstellung »Paris-New York« im Centre Pompidou in einem glänzenden Prosastück eingefangen: »New York, post- et préfiguratif«.

Die Erinnerung ist das Leben selbst. Fünfunddreißig Jahre nach der Niederschrift des »Sonnenuntergangs« bildet die Erinnerung daran im *Nackten Mensch*, dem letzten Band der wie ein Opernzyklus komponierten *Mythologica*, das Ende vom Ende. Die Sonnenoper am Himmel bildet nun das Modell dessen, was sich bei der Mythenanalyse vollzieht: die allmähliche Entfaltung der Sinngeflechte, die in tausend Farben schillernd langsam aufblühen und sich wieder schließen, »um in der Ferne zu versinken, als hätte es sie niemals gegeben«, ein Schauspiel, das, auf das Schicksal der Menschheit, aller Lebensformen und der Erde selbst übertragen, als Sinnbild der Hinfälligkeit erscheint.

Als Claude Lévi-Strauss heute vor hundert Jahren das Licht der Welt erblickte, gab es eineinhalb Milliarden Menschen auf Erden. Demnächst werden es sieben Milliarden sein. Zwischen 1900 und 2000 haben mehr Menschen gelebt als in der ganzen Zeit seit dem Auftauchen von Homo sapiens. Die Verarmung der Natur und der Verlust der »Schätze des Glaubens, der Sitten, Gebräuche und Institutionen, die im Laufe von Jahrhunderten entstanden waren und sich entwickelt hatten wie seltene tierische und pflanzliche Arten«, ist unserer Übermacht geschuldet. Wie Lévi-

Strauss im dritten Band seiner Tetralogie gezeigt hat, liegt der Ursprung guter Sitten in »einer Ehrerbietung gegenüber der Welt«. Es ist eine »Lektion in Bescheidenheit«, die uns die wilden Denker mit ihren Mythen erteilen. Sie lehren uns, »daß eine wohlgeordnete Menschheit nicht mit sich selbst beginnt, sondern die Welt vor das Leben setzt, das Leben vor die Menschen und die Achtung der anderen Wesen vor die Selbstliebe; und daß selbst ein Aufenthalt von ein oder zwei Millionen Jahren auf dieser Erde, da er auf alle Fälle ein Ende haben wird, nicht irgendeinem Volk, und sei es auch das unsere, als Entschuldigung dafür dienen kann, sie sich gleich einem Ding anzueignen und sich darin schamlos und rücksichtslos zu verhalten.«

Als unbestechlicher Zeitzeuge hat Lévi-Strauss immer wieder auf die Verkümmerung der Sinne und die kulturelle Enteignung in unserer Zivilisation aufmerksam gemacht. Auf eine Umfrage von 1965 zur Kunst im Jahre 1985, konstatierte er, daß sich unsere Gesellschaft schon seit vielen Jahren selbst mystifiziere, indem sie eine Kunst hochhalte, die nur die Form einer Kunst sei, »gerade gut genug, ihr die Illusion zu verschaffen, eine zu haben«. Im selben Jahr befragt, welche Tatsachen, Entdeckungen, Bücher, Gemälde der letzten zwanzig Jahre er in die fünfundzwanzig Fächer eines Kastens einschließen würde, wenn dieser für die Archäologen des Jahres 3000 irgendwo in Paris begraben werden sollte, antwortete er, daß fünfundzwanzig Fächer gewiß nicht ausreichen würden, um die Dokumente über die letzten, im Verschwinden begriffenen »primitiven« Gesellschaften aufzunehmen sowie »Exemplare tierischer und pflanzlicher Arten, die bald vom Menschen ausgerottet sein werden, Proben von Wasser und Luft, die noch nicht von Industrieabfällen verpestet sind, Beschreibungen und Bilder von Landschaften, die zivile und militärische Einrichtungen in kurzem verwüstet haben werden«. Zu entscheiden, welche literarischen und künstlerischen Werke der letzten zwanzig Jahre wert seien, ein Jahrtausend zu überleben, welche wissenschaftlichen Theorien und Apparate dann nicht veraltet sein würden, sei so anmaßend wie vergeblich. Besser sei es, unseren fernen Nachfahren »Zeugnisse über all die Dinge zu hinterlassen, die sie aufgrund unserer und unserer Nacheiferer Missetaten nicht mehr kennen werden: die Reinheit der Elemente, die Vielfalt der Lebewesen, die Anmut der Natur und die Sittsamkeit der Menschen.«

DER GELBE UND DER BLINDE FLECK

»Entgegen dem Gemeinplatz besteht die Malerei nicht in der zweidimensionalen Darstellung dreidimensionaler Objekte, sondern in der Verwandlung dreidimensionaler Objekte in ein anderes Objekt, das ebenfalls drei Dimensionen hat: das Gemälde.«

Claude Lévi-Strauss

Einzige Zierde der armseligen Zelle, in der Proust die letzten drei Jahre seines Lebens verbrachte, waren seine Manuskripte in Gestalt der *cahiers* und *paperoles*[1], die sich auf dem Kamin, auf dem »Schaluppe« genannten Bambustischchen und auf einem zweiten Tisch neben seinem Bett türmten. »Indem ich hier oder dort ein zusätzliches Blatt anheftete, würde ich mein Buch zusammenfügen – ich wage nicht in ehrgeiziger Weise zu sagen, wie man eine Kathedrale baut, sondern nur ganz einfach, wie man ein Kleid entstehen läßt.«[2] Das Handwerk seiner Wahl, beschied er die Anfrage eines Journalisten, wäre genau das von ihm ausgeübte: die Schriftstellerei. Der Trennung von manueller und geistiger Tätigkeit mochte er sich nicht anschließen. »Der Geist führt die Hand.« Seine Zeugen sind Chardin und Leonardo. Eine Sache des Herzens und *cosa mentale* ist die Malerei, und galt das nicht sogar für die körperlichen Übungen der Liebe, was sie mitunter so anstrengend machte? Sollte es aber eines Tages gar kein Schreibpapier mehr geben, würde es ihm eine Ehre sein, den Menschen statt des himmlischen Brotes das alltägliche zu backen.³

An dem Ende der *Suche nach der verlorenen Zeit* angelangt, vergleicht der Erzähler sein Handwerk mit dem seiner Dienerin Françoise, die er mal als Flick-Schneiderin schildert, mal als Köchin, die mit der Sorgfalt eines Michelangelo im Marmorbruch auf dem Markt die Fleischstücke zur Anreicherung des Gelées auswählt, das in mächtigen Kristallen, »wie Blöcke aus durchsichtigem Quarz«, ihren kalten Rinderschmorbraten umgibt.⁴ Wie das Gelée des so geschätzten *bœuf à la mode de Françoise* die erstarrte Reduktion eines geklärten Fonds aus allerlei Fleischstücken, Knochen und Aromaten darstellt, so sind die Figuren der *Recherche* aus Körperteilen, Gesten, Wesenszügen, Redeweisen, Denkgewohnheiten von unterschiedlichen Menschen rekonstruiert, denen Proust auf dem »Markt« des mondänen Paris begegnet war. *Bergotte à la mode de Marcel* ist mit einer Prise Bergson und einem Hauch Barrès aromatisiert und mit der roten Schneckenhausnase von Renan angereichert, während sich seine Marotte, die Schönheit eines Werkes durch eine aus dem Kontext gerissene Einzelheit zu erklären, der Verschmelzung einer Untugend von Anatole France mit einer kleinen Schwäche von Ruskin verdankt: »Sicher war das Bedürfnis, von der vorhergehenden Generation mit ihrer Neigung zu Abstraktionen und Gemeinplätzen abzurücken, der Grund, weshalb Bergotte, wenn er von einem Buch etwas Gutes sagen wollte, immer irgendeine bildhafte Szene, eine Impression ohne Bedeutung (in intellektueller Hinsicht) zitierte und hervorhob. ›Ach ja, sagte er dann, das ist wirklich gut! Da kommt ein kleines Mädchen vor mit einem orangefarbenen Schal. Das ist gut, das ist gut!‹ oder: ›Ja richtig, da ist eine Stelle, wie ein Regiment durch eine Stadt zieht, o ja, das ist gut!‹«[5]

Die Liebe zum Detail ist das eine, etwas anderes die Vergötzung des Partikularen. Selbst in den Schriften des geliebten Ruskin fand Proust den Keim dieser Idolatrie, die er als ein Hauptgebrechen des menschlichen Geistes ansah und in der er die intellektuelle Lieblingssünde der meisten Künstler, ihre *felix culpa* erkannte. »Es kommt einer einzelnen Form nicht zu«, erklärt er in »Pastiches et mélanges«, »so schön sie auch sein mag, ihren Wert aus etwas anderem zu beziehen als dem Anteil an der unendlichen Schönheit, der in ihr Gestalt angenommen hat: nicht einmal der Blüte des Apfelbaums, nicht einmal der Blüte des Weißdorns.« Seine Abschweifung über Abgötterei beschließt er mit dem Satz: »Ich verehre nicht den Weißdorn, ich gehe ihn betrachten und atme ihn ein.« Sollte er etwa ein Bild schöner finden, nur weil es eine Weißdornhecke darstellt? Er, der nichts Schöneres als den Weißdorn kennt, will doch wahrhaftig bleiben und weiß, »daß die Schönheit eines Gemäldes nicht von den Dingen abhängt, die darauf abgebildet sind.«[6]

In den »Notizen zu Literatur und Kritik« versucht er, die ihm eigene Gabe, die in einem ausgeprägten Sinn für Relationen zum Ausdruck kam, als Jungen zu fassen, der selig zwischen Ruinen spielt. Sein Glück währt solange, wie sich ihm etwas Allgemeines zwischen zwei unterschiedlichen Erscheinungen offenbart. »Er stirbt unverzüglich im Besonderen« und lebt erst wieder auf, wenn er zwischen zwei Ideen, Eindrücken oder Empfindungen, zwischen zwei Büchern eines Autors oder zwei Bildern ein und desselben Malers eine tiefe Verbindung entdeckt, »die gleichen Kurvenlinien von Profilen (...), ein und dasselbe Stoffstück, ein und denselben Stuhl, die bei beiden Bildern etwas Gemeinsames zeigen: die Vorliebe und das geistige Wesen des Malers.« Eine Fußnote, in der er die Entdeckung einer Übereinstimmung zwischen einem idealen Buch und einem idealen Bild, die beide aus der Relation zwischen zwei realen Werken hervorgegangen sind, als Gipfel des Glücks beschwört, endet mit einer Satz-Ruine, die dem Leser verrät, an welchen Maler er dabei dachte: »Wenn er zwischen zwei Bildern von Ver Meer ...«[7]

Bevor er 1921 im Jeu de Paume »das schönste Bild der Welt« wiedersah, kannte er von Vermeer fünf Bilder. Das *Mädchen mit dem Perlenohrgehänge* und die *Ansicht von Delft* hatte er im Herbst 1902 in Begleitung seines Freundes Bertrand de Fénelon im Mauritshuis in Den Haag gesehen, den *Liebesbrief* und die *Briefleserin in Blau* während derselben Reise im Rijksmuseum in Amsterdam, und schließlich war ihm aus dem Louvre die *Spitzenklöpplerin* vertraut. Anfang Februar 1920 teilt er einem seiner Freunde, dem Schriftsteller und Kunsthistoriker Jean-Louis Vaudoyer, in einem Brief den Wunsch mit, dieses kleine Bild im Louvre möge »als Meisterwerk für sich hängen, statt mit den Malern des gleichen Landes zusammen.«[8]

Anläßlich der Ausstellung holländischer Malerei im Jeu de Paume, in der auch die beiden Vermeers aus dem Mauritshuis und die vom Rijksmuseum neu erworbene *Dienstmagd mit Milchkrug* zu sehen waren, erschien in der Wochenzeitung *l'Opinion* am 30. April 1921 der erste Teil eines Essays von Vaudoyer »Geheimnisvoller Vermeer«, der Proust mehr berührte als alles, was er je von dem Freund gelesen hatte. »Ich wagte nicht zu hoffen«, teilt er ihm unverzüglich mit, »daß Sie diesem unerhörten Meister eine solche Gerechtigkeit widerfahren lassen würden. Denn ich kenne Ihre (sehr wahren) Ansichten über die Hierarchie in der Kunst und fürchtete, er könnte für Sie ein wenig zu sehr Chardin sein. Welche Freude aber auch, diese Seite zu lesen. Dabei kenne ich fast nichts von Ver Meer.«[9] Er beendet den Brief mit einem Hinweis auf seine Erschöpfung und die Unmöglichkeit, in seinem elenden Zustand in die Ausstellung zu gehen. Erst Teil zwei und drei des »Geheimnisvollen Vermeer«, die am 7. und 14. Mai im *Opinion* zu lesen waren, bewirkten das Wunder, daß der Eremit in der rue Hamelin mit der Regel brach, die so alt war wie seine Liebe zu Vermeer: Seit seinem zwanzigsten Lebensjahr pflegte er um acht Uhr früh schlafen zu gehen. Bald nachdem er am 14. Mai in einem Brief an den Freund seine Begeisterung über den »wunderbaren« Artikel mit dem »herzzerreißenden« Schluß zum Ausdruck gebracht hatte, schickte er seinen Diener Odilon am frühen Morgen mit einer schriftlichen Bitte zu Vaudoyer: »Lieber Freund, ich bin nicht zu Bett gegangen, um heute morgen Ver Meer und Ingres zu sehen. Wollen Sie den Toten, der ich bin und der sich auf Ihren Arm stützen wird, dorthin geleiten? (...) Wenn Sie zusagen, werde ich Sie gegen viertel nach neun Uhr abholen lassen.«[10]

Noch fünf Monate sollten ihm bleiben, sein Werk zu vollenden, als er im Juni 1922 ein letztes Mal an seinen »sehr lieben Freund« schreibt. Er vermisse seine Artikel im *Opinion*, »die Watteau, Ver Meer, etc.«, die ihn so entzückten. »Ich bewahre die leuchtende Erinnerung an den einzigen Morgen, den ich wiedersah und an dem Sie meine Schritte so liebevoll lenkten, die zu sehr schwankten in Richtung auf jenen Ver Meer[11] mit den Giebeln der Häuser, ›die wie kostbare chinesische Objekte sind‹. Seither konnte ich mir ein belgisches Buch mit zahllosen Reproduktionen beschaffen, die, mit Ihrem Artikel in der Hand betrachtet, es mir erlaubt haben, auf den verschiedenen Bildern das gleiche Beiwerk wahrzunehmen ...«[12]

Mochte sich auch der Tod endgültig in ihm einnisten »wie eine Liebe«[13], zwischen Vermeer und Vermeer wohnte noch immer das Glück, und sei es auch nur dank braun-weißer Heliogravüren, die ein Seidenblatt schützt. Zwischen *cahiers* und *paperoles* muß auf der »Schaluppe« neben dem Bett der Quartband von Gustave Vanzype, *Vermeer de Delft* (Paris et Bruxelles, 1921) gelegen haben, der 37 Heliogravüren enthält und schon in Vaudoyers Artikel als hervorragende Quelle erwähnt worden war. Vanzype feiert Vermeer als das vielleicht ergreifendste Beispiel für die Unsterblichkeit der Kunst, das auf uns gekommen ist, und hebt die unvergänglichen Aspekte der flirrenden Atmosphäre in der *Ansicht von Delft* hervor. Das Licht in Vermeers Bildern akzentuiere das Robuste der Dinge; statt die Formen zu verschlingen, ihr Relief zu vermindern, lasse es jeder noch so kleinen Parzelle ihre Eigenart. Der Maler mache es wie die Natur, »er zeigt uns nicht die Geheimnisse seiner magischen Erzeugung. Die Natur umfließt die zitternde Materie mit Sonnenlicht, durchdringt die Formen, aber zersetzt sie nicht.«[14]

Ein gutes Jahrhundert nach der Wiederentdeckung Vermeers hat der Blick auf die Werke an Frische verloren. Vermeer-Rummel: ein Oxymoron. Auch die Proustelei *à la recherche du pan perdu*[15] stellt einen Widerspruch in sich dar. Unter Aufbietung aller Lichtzellen des gelben Flecks in unserer Netzhaut suchen wir das ganz kleine gelbe Mauerstück mit einem Vordach, das Bergotte im Augenblick des Todes in der *Ansicht von Delft* festzuhalten versucht, und können es doch gar nicht finden, solange wir nicht bereit sind, »uns unserer inneren Wirklichkeit zu unterwerfen.«[16] Als optisches Instrument wollte Proust sein Werk verstanden wissen, als Vergrößerungsglas, das er dem Leser reicht, damit er in sich wahrnimmt, was er sonst vielleicht nicht erkennen könnte.

Es gelte, das offene Meer wieder zu erreichen, notiert er in einem *cahier*. Das heißt, »mit all unseren Kräften das Eis zu zerbrechen, das sich durch Gewohnheit und Raisonnement unmittelbar auf der Wirklichkeit bildet und macht, daß wir sie nie sehen.«[17] Versucht man, die Übereinstimmung zwischen Proust und Vermeer in ihrer ganzen Ausdehnung zu erfassen, kann man sich keinen geeigneteren Eisbrecher vorstellen als Jean-Louis Vaudoyer, dessen Artikel alle Elemente enthält, aus denen sich die Sterbeszene Bergottes zusammenbraut. Wenn wir uns herausnehmen, seinen Text auf die Abschnitte zu reduzieren, die für die *Suche nach der verlorenen Zeit* bedeutsam sind, liest er sich so:

»(...) Bei Vermeer sind Sujet und Ausdruck eins. (...) Die Macht, die von seinen Gemälden ausgeht, erwächst einzig und allein aus der Art und Weise, in der die gefärbte Materie angeordnet, behandelt und bearbeitet ist. (...) Vermeer jedoch erfindet nichts, kommentiert nichts. In seinen Gemälden wird die Kunst der Komposition auf die geheimste, verborgenste Art eingesetzt. (...) Die wahren Zauberer unter den Künstlern sind letztendlich vielleicht nicht diejenigen, die alle Freiheiten und Vorteile ausschöpfen, die ihnen die Einbildungskraft gewährt, indem sie in ihren Bildern ein angenommenes, willkürliches Universum schildern, angefüllt mit allem Blendwerk aus Täuschung und Lüge, sondern jene, denen es gelingt, ohne sich zu erkühnen, die Erscheinungen der Wirklichkeit zu verschleiern, einen Eindruck von Größe und Geheimnis, von Würde und Reinheit hervorzurufen. Ein solcher Eindruck ähnelt dem, was wir spontan und unwiderstehlich beim Anblick der Natur oder eines Menschen empfinden; wenn wir zum Beispiel unerwartet das Blau des Himmels im Spiegel des Wassers wahrnehmen, den Kelch einer entfalteten Blüte, das Samtene einer vom Spaten gerade aufgelockerten Erde, die blaue Ader, die über einen Handrücken läuft, oder den nichtssagenden Blick eines eben vorbeieilenden Kindes.

(...)

Sein ganzes Leben malt Vermeer nur in einer Stadt, sogar nur in einem Viertel, ja nur in seinem Haus.

(...)

Es sind fünf Frauen, für die vielleicht eine einzige Modell gestanden hat.

(...)

Beide Landschaftsbilder sind Ansichten von Delft. Der Maler war unter freiem Himmel genauso wahrheitsgetreu wie ein Photoapparat, eine Wahrheitstreue, die bedingt, daß die Reproduktion des Gemäldes auf den ersten Blick wie ein guter Abzug eines Negativs erscheint. Was uns angeht, so können wir nicht verhehlen, daß wir, bevor wir einst das Bild in Den Haag sahen, die Reproduktion jedes beliebigen Poussin, jedes beliebigen Claude Lorrain, ja jedes beliebigen Vernet, Vermeers reproduzierter *Ansicht von Delft* vorzogen. Hat man jedoch einmal das Original betrachtet, verklärt die Erinnerung, die man daran bewahrt, jede Reproduktion und ein Fest von Farben, Licht und Raum überflutet das Gedächtnis. Sie sehen dann diese Ausdehnung rosa-goldenen Sands wieder im Vordergrund des Bildes, wo eine Frau mit blauer Schürze steht, die mit diesem Blau um sich herum eine herrliche Harmonie erzeugt; Sie sehen die dunklen vertäuten Lastkähne wieder und jene Ziegelhäuser, die aus einem so kostbaren Material gemalt sind, daß Sie, wenn Sie eine kleine Oberfläche davon isolieren und das Sujet vergessen, glauben könnten, sowohl Keramik als auch Malerei vor Augen zu haben. Sie sehen vor allem diesen immensen Himmel wieder, der von den Dächern der Stadt bis zum Zenit einen fast schwindelerregenden Eindruck von Unendlichkeit erzeugt. Sie genießen nicht zuletzt diesen Geruch, diesen Atem des Klimas, der Ihnen von der gemalten Leinwand entgegenschlägt und Sie durchdringt, wie etwa der unerwartete Wohlgeruch von Wasser und die plötzliche Empfindung eines Luftzuges, wenn Sie, nachdem Sie lange in einem geschlossenen Abteil gereist sind, das Fenster herunterlassen und blindlings von der Natur den physischen Beweis Ihres Fremdseins erhalten. Vermeers *Ansicht von Delft* ist vielleicht das Bild der Welt, das die meteorologische Poesie, wenn man so sagen darf, am besten zum Ausdruck bringt; es ist unbeschreiblich, wie prätentiös die flüchtigen und zerstreuten Spiele der Impressionisten anmuten, wenn man dieses kompakte und konsistente Bild lange betrachtet hat.

Unserer Meinung nach sind es jedoch nicht diese Landschaften, so groß ihre Schönheit auch sein mag, in denen das eigentliche Genie Vermeers zum Ausdruck kommt. Vermeers Meisterwerke sind seine ›Interieurszenen‹. (...) Das Wort ›Szene‹ suggeriert eine Aktion, bis auf wenige Ausnahmen kann man jedoch sagen, daß sich in Vermeers Bildern nichts ereignet. Und vielleicht liegt einer der Gründe ihrer blendenden Wirkung auf uns in dem Kontrast zwischen dem unbeweglichen, stillen Leben der Menschen in Interieurs, die so ruhig und klar wie Spiegel sind, und dieser

Tyrannei der Farben, die auf ihnen lastet, von denen sie beherrscht, gebannt, bezwungen scheinen.

(...)

Denn diese Monotonie bildet den festen Grund, das Fundament seiner Werke; und Vermeers Privileg besteht gerade darin, aus dieser beschränkten, schläfrigen kleinen Provinzwelt die ganze Seele der Malerei mit all ihren Geheimnissen aufsteigen zu lassen.

(...)

Wie schnell werden wir durch diese Werke, die zunächst nur Ausarbeitungen der Sinne zu sein scheinen, aus der Wirklichkeit gerissen! Der Grund liegt darin, daß die Farben für Vermeer sowohl Wörter eines materiellen als auch eines ideellen Vokabulars sind. Ein Gelb und ein Blau werden hier in den Rang von Personen erhoben; sie sind es, die bei Vermeer die wahren Akteure des Dramas abgeben, und die Pinsel lassen sie unter Mitarbeit des Lichts eine Rolle spielen, ohne die diese Bilder nur mehr eine ›Dame bei der Toilette‹ oder eine ›lesende Frau‹ wären.

(...)

Es versteht sich von selbst, daß Vermeer dieses Ergebnis nur erreicht, weil er diese märchenhaften Farben mit der sachkundigsten, raffiniertesten, ritterlichsten, liebevollsten Technik behandelt. Vermeers Metier zeugt von einer chinesischen Geduld, einer Fähigkeit, das Minutiöse und den Arbeitsprozeß zu kaschieren, wie man sie nur in den Malereien, Lackarbeiten und geschnittenen Steinen des Fernen Ostens wiederfindet. Fast alle modernen Maler haben der Farbe und dem Licht den Vorrang gegeben, indem sie die Malerei auf den Zustand der Skizze reduzierten, was ein leichtes Spiel ist, wenn man allen Schwierigkeiten ausweicht, wie es diese Maler tun. Vermeer jedoch macht aus seinen Bildern sowohl ein Objekt der Kunst wie Malerei. Widmet man seine Aufmerksamkeit bei der Betrachtung der *Spitzenklöpplerin* (im Louvre) oder der *Köchin* (im Jeu de Paume) einem Bilddetail, könnte man rasch glauben, nicht mehr einen Rahmen vor sich zu haben, sondern eine Vitrine, die das kostbarste und einzigartigste Kunstobjekt einschließt.

Die Farbe und das Material eines Gemäldes stillen die sinnliche Begierde, erfüllen die gemüßliche Erwartung, die uns immer ein wenig antreibt, wenn wir ein Museum betreten. Diese Köstlichkeit des Materials und der Farbe geht jedoch bei Vermeer nach der ersten Kostprobe, wenn man so sagen darf, schnell über die Befriedigung des Feinschmeckers und Liebhabers der guten Küche hinaus. Die Vermeersche Farbe mag noch so sorgfältig zu einer glatten und kunstvollen, gleichsam ›geschmorten‹ Paste verarbeitet sein, sie bleibt doch natürlich, dem bemühten Auftrag, der geschickten Gewissenhaftigkeit, der mühsamen Akribie zum Trotz. Nachdem sie zunächst an Dinge denken läßt, die man berührt, wie Emaille oder Jade, Lack oder poliertes Holz, dann an Dinge, die man durch komplizierte und delikate Rezepte erlangt, wie eine Creme, ein Coulis oder einen Likör, bringt sie uns schließlich dazu, an die lebenden Dinge der Natur zu denken: das Innere einer Blume, die Schale einer Frucht, den Bauch eines Fisches, das Achatauge bestimmter Tiere und vor allem an die Quelle des Lebens selbst, nämlich an Blut.

Das mutet bei dem Mann von Genie, der uns hier beschäftigt, umso sonderbarer und verblüffender an, als man doch sogleich bemerkt, daß, wenn uns Vermeer auch an Blut denken läßt, er nur selten rote Farben verwendet. Aber Blut wird hier nicht durch den Farbton heraufbeschworen, sondern durch seine Substanz. Es wäre also gleichsam – schließlich handelt es sich um einen Geisterbeschwörer – gelbes, blaues, ockerfarbenes Blut. Diese Schwere, diese Dicke, diese Langsamkeit der Materie in den Bildern Vermeers, diese dramatische Dichte, diese grausame Tiefe des Tons (selbst wenn dieser weiß, grau oder falb ist) verschaffen uns oft eine Empfindung, die derjenigen ähnelt, die man verspürt, wenn man die glänzende und wie von fettem Lack bedeckte Oberfläche einer Wunde sieht oder auch den Fleck auf den Fliesen einer Küche, den das herabtropfende und sich ausbreitende Blut eines darüber hängenden Wildbrets erzeugt. Es versteht sich von selbst, daß dieser Vergleich – unangenehm und unartig, drückt man ihn in Worten aus, wie wir es hier zu tun gezwungen sind (wofür wir uns entschuldigen) – ganz anderer Natur ist, wenn man ihn empfindet ohne sich darüber im klaren zu sein, wie das bei jenen, die diese anziehenden Bilder betrachten, ziemlich lange der Fall ist.

(...)

Ein Vermeer ist ein bis zum Rand gefüllter Honigkelch, der Inhalt eines Eis, ein Tropfen geschmolzenes Blei. Hat

man seine Gemälde einmal gesehen, scheint (ungerechter‑
weise übrigens) alles, was uns die großen Meister von ihrer
Technik, ihrem Savoir‑faire und ihren Verfahrensweisen
sehen lassen, Eitelkeit, Schwäche, Gewöhnlichkeit, eine Art
›Bluff‹. Aus einem Gefühl der Diskretion und Scham her‑
aus, die bei ihm obendrein auch noch völlig unbewußt ge‑
wesen sein muß, verbirgt Vermeer alles, was er weiß, und
alles, was er tut. Sein Ehrgeiz gleicht dem eines Kutschen‑
lackierers, der die Farbe Schicht für Schicht auf die Karos‑
serie aufträgt, dann abschleift, dann wieder aufträgt, dann
abschleift, bis auch noch die kleinste Pinselspur getilgt, ver‑
loren, verschwunden ist.

(...)

Kommen wir jetzt auf Vermeers Figuren zurück, so stel‑
len wir fest, daß diese (...) den Betrachter zu ignorieren
scheinen. (...) Diese Verachtung des Öffentlichen, dieses
Bedürfnis, bei sich zu bleiben, hat Vermeer so heftig empfun‑
den, so eifersüchtig gehütet, daß es ihm gelungen ist, es für
die Zukunft aufzubewahren. Die einzige sterbliche Erschei‑
nung, die die Nachwelt von ihm besitzt, ist ein sitzender
Mann, der die Figur eines ihm teuren Menschen inmitten
ihm teurer, vertrauter Requisiten malt – aber dieser Maler
kehrt uns den Rücken zu. Er gestattet uns nicht, je sein Ge‑
sicht zu kennen, und überläßt man sich in kindischer Weise
dem Träumen, sagt man sich, daß er niemals in unseren
Gesichtern unsere glühende Bewunderung lesen wird.

Das Bild, auf das wir hier anspielen, hängt in der Galerie
Czernin in Wien. Es handelt sich um das *Atelier des Malers*.

In ihm ist Vermeers ganze Kunst enthalten, sein vollständiges Möbelrepertoire, wenn man so sagen kann, und seine ganze Seele. Da ist also im Vordergrund die Wandteppich-Verdüre, dahinter der Stuhl, dann der Tisch mit den Stoffen; all diese Möbel und all diese Gegenstände sind hier Komparsen, vertraute Mitwirkende, halb lebendig, zutraulich, aber respektvoll um die Hauptfiguren gruppiert. Vor der cremefarbenen Wand: das Modell mit gesenktem Blick, wahrscheinlich die Tochter des Malers und ohne Zweifel das Mädchen, dessen göttlicher Kopf mit dem Turban sich im Jeu de Paume befindet, um unsere Herzen zu quälen. Sie hat sich naiv als Muse verkleidet und dafür eine große Stoffbahn über ihr Kleid geworfen; sie preßt ein großes Buch an sich und hält, um allegorisch zu erscheinen, eine Trompete, die wohl nur eine Ventilposaune ist. Ihren Kopf schmückt ein schwerer, ungeschickter Kranz, der hastig aus einigen Blättern der draußen am Haus wachsenden wilden Rebe geflochten worden ist. Die berühmte Landkarte hängt hinter ihr an der Wand, und wie es sich schickt, fällt das Licht von links auf sie und den Maler. Und da ist Vermeer, der, während er diese rührende und sanfte Figur malt, uns den Rücken zukehrt. Er gestattet uns zu wissen, wie er sich kleidete, aber sein Gesicht bleibt uns unbekannt, wie sein Leben, wie sein Tod. Angesichts dieser doppelten Allegorie fragt man sich, ob das Schicksal die scheue Erwartung Vermeers nicht betrog, als die ›moderne Gelehrsamkeit‹ sein Werk und seinen Namen der Vergessenheit entriß, in die sie seit fast zwei Jahrzehnten versunken waren, um ihnen diesen bereits strahlenden Ruhm zu verleihen, der aber heute erst an seinem Anfang steht.«[18]

Eindringlicher als in dieser Hymne auf Vermeer kann man die geistige Dimension seines Handwerks und die Körperhaftigkeit seiner Farben nicht schildern. Blau und Gelb sind die berühmten Hauptdarsteller Vermeerscher Farbdramen. Der lichte heißt Bleizinngelb, auch »Gelbchen«[19] genannt, und tritt in vielen Nuancen auf. Aber gleichgültig ob er als Kirchturm in ewiger Morgensonne glänzt oder dunkel als Mieder einer Küchenmagd changiert, die aus einem kleinen Tonkrug unerschöpfliche Milch gießt, die Wirkung seiner Töne verdankt sich immer dem Tiefenlicht, das durch mehr oder weniger opake und transparente Malschichten bis auf den geschliffenen Kreidegrund mit der »Totfarbe«[20] dringt, um von dort, Schicht für Schicht, durch die in Balsame und eingedicktes Leinöl gebetteten Pigmentkörner wieder aufzusteigen und von der Oberfläche des Bildes ins Auge des Betrachters zu springen.

Vernachlässigt man die Differenz der Medien, könnte man sagen, daß Proust in der *Suche nach der verlorenen Zeit pan de passé* für *pan de passé*[21] in Schichten übereinanderlegt wie Vermeer seine Farben, und wie dieser der Mühsal unterworfen ist, die Spuren des Machens zu tilgen, die sich in seinem Fall aus den Brüchen zwischen den aus verschiedenen Menschen und Zeiten zusammengesetzten Erinnerungsbahnen ergeben.[22]

Der Monotonie der kleinen Provinzwelt von Delft entspricht die ganz anders geartete und deshalb nur um so heillosere der großen Welt von Paris. Sie ist das Fundament der Werke, in denen es dem Maler wie dem Romancier gelang, die Menschen als Wesen zu schildern, »die neben dem so beschränkten Anteil an Raum, der für sie ausgespart ist, einen im Gegensatz dazu unermeßlichen Platz – da sie ja gleichzeitig wie Riesen, die in die Tiefe der Jahre getaucht, ganz weit auseinanderliegende Epochen streifen, zwischen die unendlich viele Tage geschoben sind – einnehmen in der ZEIT.«[23]

Grausam nennt Vaudoyer die Tiefe der Töne Vermeers, tyrannisch das Wesen ihrer Farben, an Blut gemahnt ihn ihre Zähflüssigkeit, und wie sollte für den »Geisterbeschwörer« der *Recherche* darin nicht das Gesetz anklingen, »daß es mit den Werken wie mit den artesischen Brunnen ist, nämlich daß sie sich um so höher erheben, je tiefer die Grube ist, die das Leben in unseren Herzen ausgehoben hat«.[24] Gegen Ende der *Wiedergefundenen Zeit* kehrt das Thema im Kontext des Todes wieder:

»Victor Hugo sagt:

Das Gras muß sprießen und die Kinder müssen sterben.

Ich aber behaupte, das grausame Gesetz der Kunst besteht darin, daß die Wesen sterben und daß wir selbst sterben und dabei alle Leiden bis auf den Grund ausschöpfen, damit das Gras nicht des Vergessens, sondern des ewigen Lebens sprießt, der derbe, harte Rasen fruchtbarer Werke, auf dem künftige Generationen heiter, ohne Sorge um die, die darunter schlafen, ihr ›Frühstück im Grünen‹ abhalten werden.«[25]

Was die Nachwelt von ihm denken mochte, kümmerte Proust am Ende so wenig wie den Maler an seiner Staffelei. Schon lange hatte er der Welt den Rücken zugekehrt, um sein der Empfindungsfähigkeit entsprungenes Universum zu schaffen.[26] Aber anders als bei Vermeer können wir uns ein Bild davon machen, wie der ans Bett gefesselte Kranke, von Céleste und Odilon mit Milchkaffee und geeistem Bier versorgt, sein Werk vollendet, und können uns vorstellen, wie er eines Nachts den Vermeer-Band von Vanzype aufschlägt und, mit Vaudoyers Artikel in der Hand, aus diesem und aus der heliogravierten *Ansicht von Delft* einen ganz kleinen *pan de mur jaune avec un auvent* herausliest.

Es war unser blinder Fleck, der es uns unsichtbar machte: unsere *felix culpa* der Idolatrie, die wir mit Bergotte teilen. »Da, wo ich die großen Gesetze suchte«, lesen wir in der *Wiedergefundenen Zeit*, »glaubte man in mir jemand zu sehen, der nach Einzelheiten grub.«[27] Für die Darstellung der Häusergiebel waren Vermeer die körperhaftesten Pigmente noch nicht körperhaft genug, weshalb er ihnen Quarzsand und grobe Bleiweißbrocken beimischte. Damit erreichte er die keramikartige Textur, die alle Ziegelhäuser aufweisen, wie auch alle Dächer, Mauern, Lastkähne, Bäume, Himmel, Wasser und Sand der *Ansicht von Delft* und nicht minder die Menschen und Requisiten der Interieurs von dem kostbaren Schmelz seiner Schichtentechnik leben.

Der Gedanke, daß Bergotte der Schlag trifft, während er sich in ein Detail verliert, muß Proust bei der Lektüre des »Geheimnisvollen Vermeer« gekommen sein, als er in dem realen Schriftsteller Vaudoyer einen Zug seines fiktiven wiederfand. Der Versuchung, eine beliebige Einzelheit aus einem Kunstwerk herauszureißen, kann auch sein »lieber Freund« an zwei Stellen seiner ins Extrem getriebenen Beschreibung der sinnlichen Erscheinung Vermeerscher Farbe nicht widerstehen. Zuerst isoliert er ein Stück aus den Ziegelhäusern, *une petite surface*, und dann treibt er den Frevel der Vergötzung sogar so weit, aus der *Küchenmagd* und der *Spitzenklöpplerin* ein beliebiges *détail* herauszuschneiden, um es als kostbaren Nippes in eine Vitrine einzuschließen. Das Wort *pan* kommt in seinem Text nicht vor. Es leitet sich vom lateinischen *pannus*, »Stoffstück« ab und ist im Französischen sowohl mit der Schneider- wie mit der Baukunst verbunden. Im Kontext des Schneiderhandwerks bezeichnet es die Stoffbahnen, aus denen ein Kleidungsstück zusammengesetzt ist, auch der Schoß eines Fracks und der Zipfel eines Rockes, an den sich jemand flehentlich klammert, heißen *pan*; im Kontext der Architektur stellt *pan* die mehr oder weniger große gerade fortlaufende Vorderfläche eines Gemäuers oder auch nur einen Teil davon dar, und *pan de comble* heißt die gesamte Fläche einer Dachseite; im übertragenen Sinn von *pan de ciel* oder *pan de passé* ist wieder die Stoffbahn enthalten, das mehr oder weniger große fortlaufende Stück eines ganzen Himmels, eines ganzen Lebens.

Im gelben Mauerstück ist, wie in der ganzen *Recherche*, die Zeit aufgehoben. Proust hat es wie Vermeer in Schichten aufgebaut, die mehr oder weniger opak oder transparent über dem aus der Tiefe reflektierenden Grund liegen. Die der

Küchenmagd und der *Spitzenklöpplerin* entrissenen *pans de l'habit* teilen dem darüberliegenden *pan de mur* ihre gelbe Farbe mit; die leuchtende Erinnerung an den *pan de comble*, das gelbe Dach, dessen Ziegel in der *Ansicht von Delft* nach dem Regen im Sonnenlicht glitzern, ist als Lasur darübergelegt, während aus der Tiefe des Grundes der *pan lumineux* Marcels Kindheit in Combray reflektiert.[28]

Ein Detail, ein Stück, kann jedem beliebigen Ganzen entrissen sein. Schon durch die Wahl des Wortes *pan* hat Proust die Bindung an zwei Welten – die des Gewebes und die des Gemäuers – wiederhergestellt. Es gibt keine Schönheit, die sich selbst genügt. Die des ganz kleinen gelben Mauerstücks lebt von den Relationen zwischen Proust und Vermeer, zwischen Vermeer und Vermeer, zwischen Vaudoyer und Bergotte, zwischen dem einzigen und letzten Morgen im Jeu de Paume und der ersten und einzigen Nacht mit der Mutter in Combray. Im *pan* ist alle Vereinzelung aufgehoben, und so stirbt Bergotte in dem Besonderen, das seine Unsterblichkeit enthält:

»Ein verhältnismäßig leichter Anfall von Urämie[29] war die Ursache, daß ihm Ruhe verordnet worden war. Aber ein Kritiker hatte geschrieben, daß Vermeers ›Ansicht von Delft‹ (die das Museum im Haag für eine Ausstellung holländischer Kunst leihweise zur Verfügung gestellt hatte), ein Bild, das er liebte und sehr gut zu kennen meinte, eine kleine gelbe Mauerecke (an die er sich nicht erinnerte) enthalte, die so gut gemalt sei, daß sie allein für sich betrachtet einem kostbaren chinesischen Kunstwerk gleichkomme, von einer

Schönheit, die sich selbst genüge; Bergotte aß daraufhin nur ein paar Kartoffeln, verließ das Haus und trat in den Ausstellungssaal. Schon auf den ersten Stufen, die er zu ersteigen hatte, wurde er von Schwindel erfaßt. Er ging an mehreren Bildern vorbei und hatte den Eindruck von Kälte und Zwecklosigkeit angesichts einer Kunst, die nur künstlich war und nicht gegen das Fluten von Luft und Sonne in einem venezianischen Palast oder einem einfachen Haus am Meeresufer aufkommen konnte. Endlich stand er vor dem Vermeer, den er strahlender in Erinnerung hatte, noch verschiedener von allem, was er sonst kannte, auf dem er aber dank dem Artikel des Kritikers zum ersten Mal kleine blaugekleidete Figürchen erkannte, ferner feststellte, daß der Sand rosig gefärbt war, und endlich auch die kostbare Materie des ganz kleinen gelben Mauerstücks entdeckte.

Das Schwindelgefühl nahm zu; er heftete seinen Blick — wie ein Kind auf einen gelben Schmetterling, den es festhalten möchte — auf die kostbare kleine Mauerecke. ›So hätte ich schreiben sollen‹, sagte er sich. ›Meine letzten Bücher sind zu trocken, ich hätte mehr Farbe daran wenden, meine Sprache kostbarer machen sollen, wie diese kleine gelbe Mauerecke es ist.‹ Indessen entging ihm die Schwere seiner Benommenheit nicht. In einer himmlischen Waage sah er auf der einen Seite sein eigenes Leben, während die andere Schale die kleine so trefflich gemalte Mauerecke enthielt. Er spürte, daß er unvorsichtigerweise das erste für die zweite hingegeben hatte. ›Ich möchte dabei doch nicht‹, sagte er sich, ›für die Abendzeitungen die Sensation dieser Ausstellung sein.‹

Er sprach mehrmals vor sich hin: ›Kleine gelbe Maueriecke unter einem Dachvorsprung, kleine gelbe Mauerecke‹. Im gleichen Augenblick sank er auf ein Rundsofa nieder; ebenso rasch dachte er auch schon nicht mehr, daß sein Leben auf dem Spiel stehe, sondern in wiederkehrendem Optimismus beruhigte er sich: ›Es ist eine einfache kleine Verdauungsstörung, die Kartoffeln waren nicht ganz gar, es ist weiter nichts.‹ Ein neuer Schlag streckte ihn hin, er rollte vom Sofa auf den Boden, wo die herzueilenden Besucher und Aufseher ihn umstanden. Er war tot. Tot für immer? Wer kann es sagen. Gewiß erbringen spiritistische Experimente nicht deutlicher als religiöse Dogmen den Beweis für das Fortleben der Seele. Man kann nur sagen, daß alles in unserem Leben sich so vollzieht, als träten wir bereits mit der Last in einem früheren Dasein übernommener Verpflichtungen in das derzeitige ein; es besteht kein Grund in den Bedingungen unseres Erdendaseins selbst, weshalb wir uns für verpflichtet halten, das Gute zu tun, zartfühlend, ja auch nur höflich zu sein; auch nicht für den Künstler, der nicht an Gott glaubt, weshalb er sich gedrungen fühlen soll, zwanzigmal ein Werk von neuem zu beginnen, dessen Bewunderung seinem von Würmern zerfressenen Leib wenig ausmachen wird, ebensowenig wie die gelbe Mauerecke, welche mit so viel Können und letzter Verfeinerung ein auf alle Zeiten unbekannter und nur notdürftig unter dem Namen Vermeer identifizierter Maler einmal geschaffen hat. Alle diese Verpflichtungen, die im gegenwärtigen Dasein nicht hinlänglich begründet sind, scheinen einer anderen, auf Güte, auf

Gewissenhaftigkeit, auf Opferbereitschaft basierenden Welt anzugehören, einer Welt, die vollkommen anders als unsere hiesige ist, aus der wir aber gekommen sind, um auf dieser Erde geboren zu werden, bevor wir vielleicht in jene zurückkehren, um wieder unter der Herrschaft jener unbekannten Gesetze weiterzuleben, denen wir gehorchen, weil wir ihr Gebot in uns tragen, ohne zu wissen, wer es dort eingeschrieben hat – Gesetze, denen alle vertiefte Arbeit des Geistes uns näherbringt und die unsichtbar – vielleicht sogar noch weniger erkennbar als das unsichtbare – einzig den Narren bleiben. Der Gedanke, Bergotte sei nicht für alle Zeiten tot, ist demnach nicht völlig unglaubhaft.«[30]

ANMERKUNGEN

1 Das im *Temps retrouvé* von Françoise erfundene Schachtelwort *paperoles* – eine Kontamination von *papier* und *paroles* – wurde von Eva Rechel-Mertens, aus deren Übersetzung ich im folgenden zitiere, leider nicht übernommen. Sie deutschte stattdessen das französische *paperasse*, »(alter)Papierkram«, als »Paperassen« ein. Siehe *Die wiedergefundene Zeit*, Frankfurt am Main 1984, Taschenbuch-Ausgabe, S. 487.
2 Ebd.
3 Vgl. *Contre Sainte-Beuve*, Paris 1971, Pléiade, S. 604 f.
4 Vgl. *Im Schatten junger Mädchenblüte*, Frankfurt am Main 1960, S. 49. Eine *daube de bœuf* ist ein Rinderschmorbraten, kein »Rinderfilet«, wie Rechel-Mertens übersetzt; auch soll nicht »die Jus«, wie es in der *Wiedergefundenen Zeit* heißt, sondern das Gelée nicht

nach Gelatine schmecken, weil es ohne künstliche Dickmittel aus Kalbsfüßen etc. hergestellt ist; daß das Rindfleisch nicht »gedämpft« wurde und ein Gelée keine »Gelantine« ist, wäre nicht weiter erwähnenswert, würde Proust nicht die Herstellung dieses Gerichts mit seiner Arbeitsmethode vergleichen. Vgl. a.a.O., S. 489.

5 *Im Schatten junger Mädchenblüte*, a.a.O., S. 194 f.
6 *Contre Sainte-Beuve*, a.a.O., S. 136 f.
7 Ebd., S. 303 f.
8 *Correspondance générale de Marcel Proust*, herausgegeben von Robert Proust und Paul Brach, Paris 1933, Bd. 4, S. 82 (aus dem Französischen übersetzt von Anita Albus).
9 Ebd., S. 86.
10 Ebd., S. 88. Nach dem Besuch im Jeu de Paume sah sich Proust noch die Ingres-Ausstellung an, die zur gleichen Zeit in Paris gezeigt wurde.
11 *vers ce Ver Meer* läßt sich leider nicht mit »vermeerwärts« wiedergeben, weil die Häusergiebel im Wege stehen.
12 Ebd., S. 90 f.
13 *Die wiedergefundene Zeit*, a.a.O., S. 499.
14 Ebd.v, S. 52.
15 Vgl. Philippe Boyer, *Le petit pan de mur jaune*, Paris 1987, Hans Belting, *Das unsichtbare Meisterwerk*, München 1997, und Willibald Sauerländer, »Marcel Proust und die Malerei« in *Jahrbuch 10* der Bayerischen Akademie der Schönen Künste, Schaftlach 1996, S. 3 f. Boyer serviert das gelbe Mauerstück als Inzest-Fertiggericht mit viel rosafarbenem Begehren. Belting bedient sich daran und meint, »dieses ›Element reiner Malerei, das gar nichts darstellt‹«, durchziehe als *idée fixe* Prousts Werk. (Vgl. S. 264) Für Sauerländer symbolisiert Bergottes Tod sogar Prousts Abschied von der Kunst. (Vgl. S. 25) Hat man erst Elstir als impressioni-

stischen Maler verkannt, läßt sich auch Proust zum »Anti-Panofsky« stilisieren. (Vgl. S. 22) Die Behauptung, Bergotte sei Anatole France oder Elstir sei Monet, ist so richtig und so falsch wie die, ein Gelée sei ein Kalbsfuß.
16 *Die wiedergefundene Zeit*, a. a. O., S. 279.
17 *Contre Sainte-Beuve*, a. a. O., S. 304f. (Übers. A. A.).
18 Aus dem Französischen übertragen von Anita Albus.
19 Siehe Anita Albus, *Die Kunst der Künste*, Frankfurt am Main 1997, S. 301.
20 »Totfarbe« ist ein Terminus der Schichtentechnik und bezeichnet im 17. Jahrhundert die Anlage der Komposition mit ihren Schatten- und Lichtpartien in einer einzigen Farbe auf dem Kreidegrund mit der Vorzeichnung. In der *Ansicht von Delft*, die Proust übrigens noch mit dem gelb eingefärbten Firnis des 19. Jahrhunderts sah, konnte keine Vorzeichnung identifiziert werden. Ihre *couleur morte* setzt sich aus Bleiweiß, Schwarz, rotem Ocker und Umbra zusammen.
21 Vgl. im folgenden S. 18.
22 Siehe Claude Lévi-Strauss, *Sehen Hören Lesen*, München 1995, S. 9f.
23 *Die wiedergefundene Zeit*, a. a. O., S. 507. In der ersten Ausgabe von 1957 übersetzt Rechel-Mertens: »neben dem so beschränkten Anteil an Raum, der für sie ausgespart ist, einen im Gegenteil unermeßlich ausgedehnten Platz – da sie ja gleichzeitig wie in den Jahren wesende Riesen an so weit auseinanderliegende, von ihnen durchlebte Epochen rühren, zwischen die unendlich viele Tage geschoben sind – einnehmen in der ZEIT.«
24 Ebd, S. 315.
25 Ebd., S. 494.
26 Zur Austauschbarkeit von Einbildungskraft und Empfindungsfähigkeit als Quellen der Kunst siehe ebd., S. 304f.

27 Ebd., S. 497.
28 Siehe *A la recherche du temps perdu*, Paris 1954, Pléiade, Bd. I, S. 43.
29 Die eingebildete Urämie hat Proust von sich auf Bergotte übertragen; auch in dieser Akkumulation von Harnstoff im Blut ist das Gelbe präsent.
30 *Die Gefangene*, Frankfurt am Main 1962, S. 276f.

DIE GEMORDETEN KATHEDRALEN

Als Notre-Dame de Chartres am 11. Juni 1194 in Flammen aufging, befürchteten die Einwohner der Stadt das Schlimmste: die Vernichtung der kostbarsten Reliquie Frankreichs. Die Heilige Tunika, das von der Jungfrau im Augenblick der Verkündigung getragene Gewand, war einst vom Kaiser des Orients aus Byzanz an Karl den Großen gesandt worden. 876 hatte es Karl der Kahle der Kathedrale von Chartres vermacht.

Solange die Trümmer rauchten, war das Schicksal der Reliquie ungewiß. Als am dritten Tag die Geistlichen mit dem kostbaren Schrein aus der Krypta stiegen, wo sie während des Brandes Zuflucht gefunden hatten, war die Freude unermeßlich. Auch die prachtvolle Westfassade der Kathedrale mit den Königsportalen und den beiden Türmen war unversehrt geblieben. Gerührt vom Wunder der geretteten Tunika, taten die Menschen überall Buße und vergaben ihren Feinden. Sogleich machten sich die Gläubigen daran, mit jener Begeisterung, der sich in den vierziger Jahren die wie durch Zauber hochgezogenen Türme verdankt hatten, eine noch größere und prächtigere Kathedrale zu bauen. In großen Scharen zogen aus dem ganzen Land Männer und Frauen aller Stände ihre mit Steinen, Holz und Proviant beladenen Fuhrwerke auf rauhen und morastigen Wegen nach Chartres. »Unter ihnen herrschte eine perfekte Disziplin und tiefe Stille«, berichtet ein Zeuge solcher Pilgerzüge, »während der Nacht bildeten sie ein Lager mit ihren Wagen, erleuchteten sie mit Kerzen und sangen Lobgesänge.«

In wenigen Jahrzehnten war das Wunderwerk der Gotik mit zehntausend in Stein gemeißelten und in Glas gemalten Figuren vollbracht, ein Himmlisches Jerusalem für die zehntausend Einwohner der Stadt. Niemals habe es eine vergleichbare Anstrengung gegeben, den Menschen zu erheben, schreibt Emile Mâle 1948 und fragt sich »mit Grausen, was Frankreich wäre und was die Welt, wenn diese erhabenen Monumente, die eine so hohe Meinung von der Menschheit darbieten, eines Tages verschwinden würden«.

Die Verheerungen des Ersten Weltkriegs waren noch nicht vorstellbar, als Marcel Proust im *Figaro* schrieb, die Zweckentfremdung von Kirchen und Kathedralen, wie sie im Gesetz zur Trennung von Kirche und Staat vorgesehen war, wäre noch schlimmer als ihre Zerstörung. Proust hatte 1899 das »wunderbare Buch« von Mâle gelesen: *L'Art religieux du XIIIe siècle en France*. In diesem Meisterwerk der Verlebendigung mittelalterlicher Kunst erscheint die gotische

Kathedrale als visuelle *Summa* der Scholastik, als heilige Schrift, Arithmetik und fixierte Musik und als Ganze bis ins kleinste Detail von der gleichen Symbolik beseelt wie die Liturgie, die sich in ihr vollzieht. »Im Mittelalter ist alle Form das Gewand eines Denkens. Man möchte meinen, dieses Denken arbeite im Inneren einer Materie und gestalte sie.«

Man kann sich vorstellen, welche Offenbarung dieses Buch für den künftigen Verfasser der *Recherche* gewesen sein muß. Die Kunst war für ihn »das Wirklichste, was es gibt, die strengste Schule des Lebens, das wahre jüngste Gericht«. Getreu der mittelalterlichen Devise: *intra se ipsum quasi in libro scriptum attendat* faßte er sie als Entzifferung der in ihm schlummernden Hieroglyphen auf.

Das Errichten eines Gebäudes und das Zusammenheften der Teile eines Kleides bezeichnet im Französischen ein und dasselbe Wort: *bâtir*. In der *Wiedergefundenen Zeit* erklärt Proust, er wage nicht in ehrgeiziger Weise zu sagen, er würde sein Buch *bâtir* wie eine Kathedrale, sondern ganz einfach wie ein Kleid. Die Bescheidenheitsformel verschleiert die Einheit von Buch, Kleid und Kathedrale.

Proust hat seine »Kathedrale« mit der gleichen Opferbereitschaft, Gewissenhaftigkeit und Liebe erbaut wie die Gläubigen des Mittelalters die ihren, und er hat, wie der letzte Satz der *Wiedergefundenen Zeit* uns lehrt, seine »Figuren« in die gleiche Dimension der Ewigkeit gestellt. In seinem Glanzstück über die Dorfkirche in *Combray* nennt er sie »die vierte Dimension der Zeit«. Er hatte noch einen Monat zu leben, als er an E.R. Curtius schrieb, die Wahrheit liege jenseits. Ohne die Perspektive der Unsterblichkeit, die sich ihm durch die »göttliche Speise« einer in Tee getauchten Madeleine offenbarte, wäre die *Recherche*, wie die zweckentfremdeten Kathedralen, ihres Sinns beraubt. »Wenn das Opfer von Christi Fleisch und Blut nicht mehr in den Kirchen zelebriert wird, werden sie ohne Leben sein«, schreibt er gegen die von der Linken geplante Umwandlung sakraler in profane Räume. In der vollständigen Fassung von »Der Tod der Kathedralen« im *Figaro* vom August 1904 geht dem zitierten Satz eine Passage voraus, in der die Bedeutung, die Proust der Einheit von Kirche und Kult beimißt, in einem grellen Licht erscheint: »Es gibt heute keinen Sozialisten von Geschmack, der die Verstümmelungen all der Statuen, die Zertrümmerung all der Glasfenster, die die Revolution unseren Kathedralen zugefügt hat, nicht beklagte. Ach, es ist immer noch besser, eine Kirche zu verwüsten, als sie ihrem Zweck zu entfremden. Solange man in ihr noch die Messe zelebriert, bewahrt sie, so verstümmelt sie auch sein mag, wenigstens noch ein bißchen Leben. Am Tag ihrer Zweckentfremdung ist sie tot, und selbst wenn man sie als ein historisches Denkmal vor anstößigen Zwecken schützt, ist sie nichts weiter als ein Museum.«

Als Bürger von Vézelay die Zweckentfremdung ihrer weltberühmten Basilika forderten, meinte André Hallay, der Antiklerikalismus rege zu großen Dummheiten an. Der Satz, den Proust in der *Figaro*-Fassung zitiert, kann ihm nur als Euphemismus recht gewesen sein. In seinen Augen war es ein Verbrechen, die Kirchen ihres inneren Lebens zu berauben, weshalb er der Sammlung seiner Kathedralen‑Aufsätze den Titel »Zum Gedenken an die gemordeten Kathedralen« gab.

Religio bedeutet ursprünglich »rücksichtliche Beachtung, auf einem inneren Gefühl beruhende Sorgfalt und Genauig‑keit«. Nicht nur in diesem Sinne war Proust ein religiöser Mensch. Im besagten Brief an Curtius geht dem Verweis auf das Jenseits der Satz voraus: »Ein wenig Wissenschaft ent‑fernt von Gott, viel Wissenschaft führt zu ihm zurück«. Wie der von ihm bewunderte weise Erforscher der Grabwespe, J.‑H. Fabre, hätte er sagen können: »Ich glaube nicht an Gott – ich sehe ihn!« Und wo hätte dem Meister des Aufer‑stehungsgebäcks und Schmerzensmann der *Recherche* der mystische Leib Christi ergreifender erscheinen können als im »heiligen Drama« der Messe in einer gotischen Kathe‑drale? Jedes Wort, jede Zahl, jede Haltung, jede Geste, jede Gestalt und jedes Ding, von den fünf Weihrauchkörnern in der einen Osterkerze bis zu den Farben, Mustern und Teilen des Priesterornats hat im traditionellen Ritus eine symboli‑sche Bedeutung, die sich auf den Erlöser bezieht. »Niemals wurde ein vergleichbares Schauspiel, ein so riesiger Spiegel der Wissenschaft, der Seele und der Geschichte den Blicken und der Einsicht des Menschen geboten. Die gleiche Sym‑bolik umfaßt sogar noch die Musik, die nun in dem großen Schiff zu hören ist und deren sieben gregorianische Töne die sieben theologischen Tugenden und die sieben Weltzeitalter vorstellen. Man kann sagen, daß eine Wagner‑Aufführung in Bayreuth (...) recht wenig hermacht neben der Zelebrierung des Hochamts in der Kathedrale von Chartres.«

Das Wesen der Schönheit dieser Feier erhellt Proust mit der kontrastierenden Vision einer künftigen Welt ohne Glauben, in der »Karawanen von Snobs« der Ästhetik huldigen, indem sie der nach Jahrhunderten wieder rekonstruierten Messe beiwohnen, die in den Kathedralen von Schauspielern aufgeführt wird. Wie perfekt sie auch inszeniert wäre, vom Wesen ihrer Schönheit bliebe kein Hauch.

Wenn die Kathedralen, wie er betont, »nicht nur die schönsten Denkmäler unserer Kunst sind, sondern zugleich die einzigen, die noch ein ganzheitliches Leben führen, die im Zusammenhang mit dem Zweck verblieben sind, zu dem sie geschaffen wurden«, so war das »dem Fortleben derselben Riten in der katholischen Kirche und andererseits des katholischen Glaubens im Herzen der Franzosen« zu verdanken.

Es war nicht nur der Kathedralen-Plan der Regierung Combes, der Proust empörte, wie ein Brief vom Juli 1903 belegt, den er im Anschluß an einen Streit über die »vermaledeiten Gesetze« mit seinen Freunden Bertrand de Fénelon und Georges de Lauris an letzteren adressierte. Zu dieser Zeit waren Combes' Widersacher die Klerikalen der *Action française*, Ungläubige, wie Barrès und Maurras, die die Kirche für ihre Politik instrumentalisierten. »Nichts ist weniger katholisch, nichts heidnischer, nichts barbarischer als eine solche Lehre«, wird Jacques Rivière 1920 sagen.

»Ich begreife nicht im geringsten, was Sie eigentlich wollen«, schreibt Proust dem antiklerikal gesinnten de Lauris,

»ich glaube nicht, daß es Ihr Wunsch ist, alle Franzosen wären gleich, ein Traum, der Gottseidank nie Wirklichkeit werden kann, da er zu töricht ist; aber zweifellos wünschen Sie, alle Franzosen wären Freunde oder könnten es wenigstens sein, (...) so daß im gegebenen Falle keine Feindschaft von vornherein das Walten der Gerechtigkeit zu verfälschen vermöchte, wie dies vor einigen Jahren geschah.« Damals hatten sie sich gemeinsam für Dreyfus eingesetzt. Nun begrüßte de Lauris die Beseitigung des Schulwesens religiöser Orden, weil diese ihre Schüler lehrten, Juden zu verabscheuen. Wohl wahr, aber die Gegenseite wende die gleichen Methoden an, entgegnet Proust. Der Pfarrer von Illiers etwa werde seit den antiklerikalen Dekreten von 1880 nicht mehr gegrüßt und von Veranstaltungen ausgeschlossen. Von ihm habe er Latein und die Namen der Blumen gelernt. Ehrwürdiger als die Honoratioren des Ortes sei er allemal, und sei es auch nur um des Geistes willen, den der zum Himmel weisende Kirchturm verkörpere. Statt Einheit zu stiften, vertieften die antikirchlichen Maßnahmen den Graben, der das Land spalte. »Wenn die Lehrorden verschwänden und der Katholizismus in Frankreich ausgelöscht würde«, sagt Proust voraus, wären die Klerikalen, die sich einen Teufel um den Glauben scherten, »nur um so gewaltsamere Antisemiten, Dreyfus-Gegner und Antiliberale, wären ebenso zahlreich und noch hundertmal schlimmer. (...) Könnte man, statt die Freiheit des Unterrichts, die Freiheit der Presse einschränken, würde man vielleicht die Fermente der Spaltung und des Hasses ein wenig abschwächen ...« Man könne den christlichen Geist nicht dadurch töten, daß man die christlichen Schulen schließe, denn wenn ihm zu sterben bestimmt sei, werde er selbst unter einer Theokratie sterben, auch habe der christliche Geist und sogar das katholische Dogma nichts mit dem Parteigeist zu tun, »den wir zerstören wollen«. Der Brief endet mit dem Satz: »Zur Zeit machen die Sozialisten, indem sie antiklerikal sind, den gleichen Fehler wie 1897 die Klerikalen, als sie Dreyfus-Gegner waren. Jene büßen es heute, wir werden es morgen büßen.«

Jahre zuvor hatte er schon einmal seine Gedanken über den christlichen Geist festgehalten: »Anarchisten, die sich vorstellen, sie würden, nachdem sie die Welt mit Ungerechtigkeit erobert hätten, Gerechtigkeit in ihr herrschen lassen, die Barmherzigkeit durch Gewalt triumphieren lassen möchten, mißverstehen die Bedeutung der Worte Gerechtigkeit und Barmherzigkeit und das Wesen dieser Tugenden. Alle Vermögen könnten mit Gewalt gleichmäßig verteilt werden. Nie wäre man ferner von einer Herrschaft der Gerechtigkeit auf Erden. Die Antisemiten, gewalttätig, schmähsüchtig, unversöhnlich, können mit Gewalt das Universum zum Katholizismus bekehren. An jenem Tag wird das Universum entchristianisiert sein, denn Christentum bedeutet den inneren Gott, die vom Herzen ersehnte, vom Gewissen erkannte Wahrheit. Unterwerfen wir nie einer dunklen, fernen und ungewissen Pflicht die klare, unmittelbare Pflicht zu Gerechtigkeit und Barmherzigkeit.«

Das mindeste, was Proust von den Antiklerikalen verlangte, war, daß »sie etwas feinere Unterschiede im Denken zu machen lernten und, bevor sie die Spitzhacke ansetzten, die großen gesellschaftlichen Gebäude, die sie zerstören wollen, sich näher anschauen.« Über hundert Jahre sind seit der Trennung von Kirche und Staat in Frankreich vergangen. In den seither vom Staat als historische Denkmäler erhaltenen großen Kathedralen erklingen die sieben gregorianischen Töne nur noch aus den Audioguides am Ohr der »Museumsbesucher«. Das Erlöschen des Glaubens offenbaren nicht nur die in die Verantwortung der Gemeinden gestellten verwahrlosten kleinen Kirchen auf dem Land, wo manche Pfarrer bis zu sechzig Gemeinden zu betreuen haben und wo, außer bei Beerdigungen, nur noch Greise am Gottesdienst teilnehmen, es spiegelt sich auch in der Gestalt der Messe. An die Stelle des gregorianischen Wechselgesangs von Priester, Schola und Kirchenvolk ist ein eher an ältliche Schlager als an Sakralmusik erinnernder Singsang der Gemeinde getreten, der von einem ihrer Mitglieder armeschwenkend vom Pult aus dirigiert wird. Die eingedampften Texte der Messe werden vom Priester gesprochen, der hinter dem Volksaltar den Gläubigen das Mysterium der Wandlung gleichsam vorspielt, wie der Zauberer auf dem berühmten Bild von Hieronymus Bosch seinen Kugeltrick den leichtgläubigen Gaffern.

Man muß nicht katholisch sein, um die Verarmung der Liturgie zu beklagen. Claude Lévi-Strauss, der sich zu keiner Religion bekennt, hat 1979 der Zeitung *La Croix* ein Interview gegeben, in dem er auf die Vorgänge in der Kirche seit dem letzten Konzil zu sprechen kommt, die ihn beunruhigen: »Von außen gesehen scheint es mir, daß man den religiösen Glauben (oder seine Ausübung) eines großen Teils jener Werte beraubt, die das Gefühl ansprechen, das nicht weniger wichtig ist als die Vernunft. Was mir auffällt, ist die Verarmung des Rituals. Ein Ethnologe hat vor dem Ritual stets den größten Respekt. Um so mehr, als die Wurzeln des Rituals in ferner Vergangenheit liegen. Er sieht darin ein Mittel, bestimmte Werte unmittelbar sichtbar zu machen; sie würden die *Seele* weniger unmittelbar berühren, wenn man versuchte, sie mit rein rationalen Mitteln durchzusetzen.« Keine Gesellschaft könne auf streng rationalen Grundlagen ruhen. »Um zusammenleben zu können, brauchen die Menschen etwas mehr, ein Wertesystem, das für sie unanfechtbar ist und ein lebendiges Band zwischen ihnen bildet.« Jahrzehnte später von *Les Temps modernes* auf die Beziehung zwischen der Welt der Toten und der der Lebenden in unserer Gesellschaft angesprochen, zitiert er einen Landpfarrer aus Burgund, der ihm sagte, »daß den Franzosen als einzige Religion der Totenkult verblieben ist«. Dieser aber gilt nur den jüngst Verstorbenen.

Am Ende seiner Verteidigung der lebenden Kathedrale läßt Proust die Glasfenster aufleuchten, in denen die Stifter verewigt sind: »da erscheinen nicht nur die Königin und der Fürst, die ihre Insignien tragen, Krone oder Kette vom Goldenen Vlies. Die Wechsler haben sich darstellen lassen, wie sie den Feingehalt der Münzen prüfen, die Kürschner, wie sie ihre Pelze verkaufen (...), die Fleischer, wie sie Ochsen schlachten, die Ritter, wie sie ihr Wappen tragen, die Steinmetzen, wie sie Kapitelle behauen.« Und dann schildert er, wie es denen, die es »verdient haben, daß ihnen auf Dauer ein Gebet zugestanden wird«, in den toten Kathedralen ergehen würde: »Aus ihren Fenstern in Chartres, in Tours, in Sens, in Bourges, in Auxerre, in Clermont, in Toulouse, in Troyes werden die Küfer, Kürschner, Krämer, Pilger, Ackersleute, Waffenschmiede, Weber, Steinmetzen, Fleischer, Korbflechter, Schuhmacher, Wechsler, eine große stumme Demokratie, Gläubige mit dem festen Willen, am Gottesdienst teilzunehmen, die Messe nicht mehr hören, die sie sich gesichert hatten, als sie die glänzendste ihrer Münzen für den Kirchenbau stifteten. Die Toten leiten nicht mehr die Lebenden. Und die Lebenden, vergeßlich, erfüllen nicht mehr die Gelübde der Toten.«

Sollten in der heutigen Nacht bei der Ostervigil, dem größten Fest im Kirchenjahr, in Notre-Dame de Chartres die verheißungsvollen Kapitel aus dem Alten Testament – von der Erschaffung der Welt bis zu den Jünglingen im Feuerofen – wieder in alter Weise gesungen werden, wäre die Zeit im Säulenwald der Kathedrale aufgehoben wie im Blätterwald der siebenbändigen Kathedrale der *Recherche*.

DAS ANMUTIGE RÄTSEL
DES ERDBEERBAUMS

Georges Legros hat seiner Fabrebiographie ein von Fabre erfundenes Motto vorangestellt, eine entomologische Variante der Devise *per aspera ad astra*: *de fimo ad excelsa*, was wörtlich »vom Dung zum Erhabenen« heißt. Es evoziert das Bild des Mistkäfers mit seiner Pille, des Heiligen Skarabäus der alten Ägypter, der die Sonnenkugel rollt. Da man glaubte, der Käfer drehe die Kugel aus dem eigenen Mist und aus ihr gehe von selbst wieder ein Käfer hervor, wurde der Skarabäus zum Symbol des sich erneuernden Lebens und der Wiedergeburt im Jenseits. Erst Fabre entdeckte, daß die Kugel des Käfers eine reine Fraßpille ist, während die das Ei enthaltende Brutpille die Form einer Birne hat, die der weibliche Pillendreher besonders sorgfältig aus allerfeinstem Schafskot herstellt und tiefer als die Fraßpille im Erdreich vergräbt.

Im Niedrigen, Stinkenden und Winzigen nahm Fabre das Erhabene, Liebliche und Märchenhafte wahr. So beschreibt er im 8. Band der *Souvenirs entomologiques* die Eier der stinkenden Baumwanzen, die einzigen im Insektenreich, deren Schönheit sich mit der des Vogeleies messen könne, das die Eleganz des Kreises mit der Eleganz der Ellipse verbinde. Auf die anschauliche Schilderung verschiedener Vogeleier folgt die Erzählung der Entdeckung eines Baumwanzengeleges:

»Ich habe soeben einen glücklichen Fund auf einem Spargelzweig gemacht. Eine Gruppe von etwa dreißig Eiern, eines dicht neben dem anderen ordentlich aufgereiht, wie die Perlen einer Stickerei. Ich erkenne darin das Gelege einer Baumwanze. Der Schlupf fand erst vor kurzem statt, denn die Familie hat sich noch nicht zerstreut. Die leeren Schalen sind an Ort und Stelle geblieben, ohne jede Deformation, außer der Hebung ihres Deckels.

Oh! die köstliche Sammlung kleiner Töpfchen aus durchscheinendem, kaum hellgrau umwölktem Alabaster! Ich wünschte mir ein Märchen, in dem die Feen in der Welt des sehr Kleinen aus solchen Tassen ihren Lindenblütentee trinken würden.«

Es fehlen nur die *Petites Madeleines*, die zum Hervorzaubern der Vergangenheit in den Tee getunkt werden, sagt man sich als Proustliebhaber bei der Lektüre. Auch Fabres Schilderung der Dorfschule seiner Kindheit beschert dem Leser im Schüler, Ferkel und Küken vereinenden Klassenzimmer ein proustianisches Déjà-vu: »Hier und da, wo irgend ein Lichtschimmer eindringt, sind großfleckig kolorierte Bilder an die Wände geklebt. (...) Links vom Fenster Genoveva von Brabant in Begleitung der Hirschkuh. Im Dickicht verbirgt sich der wilde Golo mit dem Dolch in der Hand.« Die Gestalten in Rot, Blau, Gelb und Grün, die den Blick des Schülers bannen, sind uns aus *Combray* vertraut, wo sie im Schlafzimmer des kleinen Marcel als gespenstisches Lichtspiel einer verschobenen Laterna magica über die Falten der Vorhänge ruckeln, bis hin zum Türknopf, den sich der böse Golo im roten Mantel einverleibt, während die arme Genoveva, die einen blauen Gürtel trägt, in einer gelben Heidelandschaft vor sich hin träumt.

Die »Weißdornkapellen« der *Recherche* und des Fragment gebliebenen Romans *Jean Santeuil* haben ihre Entsprechung in der »Fliederkapelle«, die Fabre im Kapitel über die Rosenkäfer in der Fliederallee seiner Einsiedelei imaginiert. Während sich der Insektenforscher in der Fliederkapelle des Harmas als einer der Gläubigen seiner Gemeinde aus Pelz-, Trauer- und Mauerbienen, Wespen, Glasschwärmern und Schmetterlingen darstellt, der andächtig seinen Beobachterrosenkranz abbetend von einer grünen Säulenstation zur nächsten schreitet, lauscht Jean Santeuil in den Weißdornkapellen im Park seines Onkels, der sich *Les Oublies*, »Die Versäumnisse«, nennt, einer dicken schwarzen Fliege, die in der gesammelten Stille des »Weißdorndoms« im Tabernakel aus Heckenrosen ihre Gebete spricht.

Goldgrüne Rosenkäfer schlummern im Flieder der Kapelle des Harmas und lassen sich leicht greifen. Das Spiel von Fabres jüngster Tochter Anna, die sich einen dieser prächtigen Goldkäfer der Gattung Scarabaeidae, dem sie einen langen Faden ans Bein gebunden hat, um den Kopf fliegen läßt, ruft in Fabre folgende Reflexionen hervor: »Dieses Alter kennt kein Mitleid, weil es unwissend ist, und nichts ist so grausam wie die Ignoranz. Keine meiner Gören wird das Elend des Tierchens beachten, jenes armseligen Galeerensklaven, der seine Kugel schleppt. Sie werden sich an einer Marter ergötzen, die Naivlinge. Ich wage nicht immer, dem Einhalt zu gebieten, da ich mich meinerseits schuldig fühle, obgleich ich, durch Erfahrung gereift, einigermaßen zivilisiert bin und zu wissen beginne. Sie quälen, um sich zu amüsieren, ich quäle, um mich zu instruieren – ist das nicht im Grunde ein und dasselbe? Gibt es eine klare Grenzscheide zwischen dem Experimentieren des Wissens und den Kindereien der frühen Jahre? Ich sehe keine.«

Proust, der »die intellektuelle Aufrichtigkeit bis zu ihrer äußersten und grausamsten Grenze« zu treiben suchte, hat Fabre an Unerbittlichkeit der Selbstbetrachtung noch überboten. Sein Busenfreund Lucien Daudet verriet Jean Cocteau, Marcel sei genial, aber ein furchtbar grausames Insekt. Als ein solches sah sich Proust selber an, im Guten wie im Bösen. Im Guten, aufgrund des unfehlbaren Instinkts, mit dem er sein Leben für sein Werk opferte wie die Grabwespe für ihre Brut, und im Bösen, weil er in seinem Roman seine Mitmenschen mit wahrhaft gelehrter Grabwespengrausamkeit an ihren empfindlichsten Punkten aufspießte. Dreißig Jahre nach seinem Tod hält Cocteau im Tagebuch seine Überzeugung fest, daß Proust die Gesellschaft untersucht habe wie Fabre die Insekten. Es sei jedoch komisch, daß er von den Insekten Gefolgschaft erwartet habe, als er ihn, Cocteau, bestürmte, Laure de Sade, Comtesse de Chevigné, deren Gesichtszüge Proust in der Herzogin von Guermantes verewigt hat, dazu zu bringen, daß sie seine Bücher lese, was so sei, als hätte Fabre von den Insekten verlangt, sie sollten die seinen lesen.

Für keinen Dichter und keinen Denker der illustren Schar derer, die seinerzeit Fabre lasen, ob Victor Hugo, Anatole France oder Romain Rolland, Edmond Rostand oder Maurice Maeterlinck, Guillaume Apollinaire oder Saint‑John Perse, Remy de Gourmont oder André Gide, Henri Bergson oder Paul Valéry, konnten die *Souvenirs entomologiques* eine reichere Inspirationsquelle darstellen als für Marcel Proust.

Was der Romancier, der den geheimen Gesetzen der menschlichen Natur nachspürte, in den *Studien über den Instinkt und die Sitten der Insekten* finden konnte, erhellt eine Erläuterung des 1982 verstorbenen großen Biologen und Fabre‑Verehrers Adolf Portmann über den Zweck der Lebensforschung: »Dem Biologen liegt daran, durch die Kenntnis der sonderbaren Naturvorgänge den Sinn für das in uns selber Verborgene und Fremde zu stärken, uns zu rüsten für die Erkenntnis des Ungeheuren, das in unserem eigenen Innern am Werk ist und das zu deuten und zu bewältigen eine unserer Lebensaufgaben ist.«

Höllenszenen, wie von Brueghel oder Bosch imaginiert, spielen sich in Fabres Volieren ab. Bestens geschützt vor der winterlichen Witterung reifen im Bauch eines verfestigten

Schaumgebildes, einem wahren Wunderwerk von einem Nest, vierhundert Kreaturen in ihren Eiern heran. Aus den von ihrer Mutter selig zuletzt gelegten schlüpfen die Larven als erste aus und zwängen sich aus den dafür vorgesehenen Spalten ihrer Schaumburg; die anderen folgen in Intervallen nach. Es sind Scharen winziger, ungemein zarter Wesen, die, kaum ans Licht getreten, von Ameisen in Stücke gerissen und vertilgt werden. Das Abschlachten der wehrlosen Neugeborenen gemahnt Fabre an den Kindermord in Bethlehem, die nur vereinzelt das Massaker Überlebenden an die Prophezeiung, daß viele berufen sind und wenige auserwählt.

Die wenigen wachsen heran, dem Gesetz gehorchend, unter dem sie angetreten sind, denn ihre erste Nahrung sind ihre schwächeren Geschwister. Ob im Kampf mit Rivalinnen oder in ihren »tragischen Liebschaften« mit den kleineren Männchen, im Leben der *Mantis religiosa*, der Gottesanbeterin, läuft alles auf das Fressen des Schwächeren hinaus. Der Anblick des enthaupteten Männchens, das auf dem Rücken der korpulenten Braut mit der Kopulation fortfährt, sollte Fabre bis ans Ende seiner Tage verfolgen. Eine seiner Gefangenen sah er sieben Männchen vernaschen, was der diabolischen Kreatur in drei von ihr ausgeschiedenen Schaumnestern tausend Nachkommen bescherte und den Völkern der Ameisen ein Schlachtfest.

Vom Ungeheuerlichen der Mantis kommt Fabre auf den Kreislauf von Fressen und Gefressenwerden, in den er sich selbst einreiht. Er beginnt mit der Erde, von der sich das grünende Gras nährt, das die Heuschrecke abweidet, welche von der Mantis gefressen wird, die von Eiern anschwillt, aus denen Larven schlüpfen, die von Ameisen vertilgt werden; die Ameisenpuppen dienen ihrerseits den Nestlingen der Fasane als Speise, während der Wendehals sich mit seiner überlangen klebrigen Zunge ganze Ameisenkolonnen einverleibt. »Mit solchen Happen wird der Vogel im Herbst unerhört fett, belegt sich den Bürzel, die Unterseite der Flügel, die Flanken mit Butter, macht sich den ganzen Hals entlang einen Rosenkranz daraus, polstert sich damit den Schädel bis zum Schnabelansatz.

Das ergibt einen köstlichen Braten, klein, zugegeben, aber unvergleichlich in seiner Kleinheit.«

Vom unvergleichlichen Schmaus des kleinen Wendehalses kommt Fabre auf die Gliederfüßer zurück, um »wenigstens einmal dem Verdienst der Allergeringsten Gerechtigkeit widerfahren zu lassen! Wenn nach dem Abendessen die Tafel aufgehoben, die Stille eingekehrt, der Körper vorübergehend von den physiologischen Nöten befreit ist, kommt es vor, daß ich hier und da ein paar gute Einfälle ernte; es kann gut sein, daß die Mantis, die Heuschrecke, die Ameise und noch Geringere beitragen zu diesen Lichtblicken, die, man weiß weder wie noch warum, im Geist auftreten. Auf unentwirrbaren Umwegen haben sie, ein jedes auf seine Weise, den Öltropfen geliefert, mit dem das Lämpchen des Denkens sich speist. Ihre langsam angelegten, von Vorfahren angesparten und weitergegebenen Energien erschließen sich in unseren Adern und helfen unseren Schwächen auf. Wir leben von ihrem Tod.

Schließen wir ab. Die über alle Maßen fruchtbare Mantis bringt ihrerseits organischen Stoff hervor, den die Ameise ernten wird, den der Wendehals ernten wird, den vielleicht der Mensch ernten wird. Sie erzeugt tausend, etwas, um sich zu verewigen, viel, um ihren Anlagen gemäß zum allgemeinen Picknick der Lebenden beizutragen. Sie führt uns zum alten Symbol der Schlange zurück, die sich in den Schwanz beißt. Die Welt ist ein in sich selbst zurücklaufender Kreis: alles endet, damit alles wieder beginnen kann, alles stirbt, damit alles lebt.«

Wie bei der Ewigkeitsschlange Ouroboros ist im Roman von Proust das Ende der Anfang, und wie bei Fabre sind in der *Wiedergefundenen Zeit* Fruchtbarkeit, Leiden und Tod mit dem Picknick der Lebenden verknüpft:

»Ich aber sage: das grausame Gesetz der Kunst ist, daß die Menschen sterben und daß wir selbst sterben, indem wir alle Leiden ausschöpfen, damit das Gras nicht des Vergessens, sondern des ewigen Lebens sprießt, das dichte Gras der fruchtbaren Werke, auf dem die Generationen fröhlich und ohne Sorge um die, die darunter schlafen, abhalten werden ihr *déjeuner sur l'herbe*.«

Wann Proust Fabre gelesen hat, ist nicht überliefert. Ich habe in meinem Buch *Im Licht der Finsternis* gezeigt, daß seine Kenntnis der Grabwespe, mit der er in der *Recherche* die Köchin Françoise vergleicht und in einem wenige Wochen vor seinem Tode geschriebenen Brief an Gaston Gallimard sich selbst, sich nicht dem Buch eines Fabre referierenden Mikrobiologen verdankt, auf das er in besagtem Brief hinweist, sondern dem Kapitel »Un savant tueur«, »Ein gelehrter Mörder«, aus den *Souvenirs entomologiques*.

Den schönsten Nachweis seiner Fabrelektüre fand ich jedoch erst nach dem Erscheinen meines Buches. Unter den vielen Rätseln, die mir die *Suche nach der verlorenen Zeit* aufgegeben hatte, war eines ungelöst geblieben. In der *Wiedergefundenen Zeit* vergleicht der Erzähler sein Aussehen mit dem eines Erdbeerbaums oder Känguruhs. Kein Proustforscher hat das bislang zur Kenntnis genommen, wohl weil man die *Recherche* als ein Werk der Ironie mißversteht. Das Känguruh war mit einer Parallelstelle aus einem frühen Pastiche schnell durchschaut, aber der Sinn des Erdbeerbaums entzog sich mir, und so ließ ich das nur zur Hälfte gelöste Rätsel fallen. Durch das große Lob, das meinem Buch widerfuhr, tauchte das vergessene Erdbeerbaumrätsel in mir wieder auf. Die Lösung fand ich im sechsten Band der *Souvenirs entomologiques*, nachdem ich im elften Band, der die Fabrebiographie von Legros enthält und ein von ihm zusammengestelltes Sach- und Namenregister der zehn Bände, auf »*Arbousier. Voir Chenille de l'Arbousier*« gestoßen war.

Von allen glücklichen Funden, die mir während der Arbeit über Proust zuteil wurden, ist der des Erdbeerbaums in seiner Sinnfülle der glücklichste. In ihm und seinem Schädling sind wesentliche Motive der *Recherche* verdichtet: das sich einspinnende Wesen, dessen Liebe nicht erwidert werden kann, die Tiefendimension der Zeit bei der ungeschlechtlichen Fortpflanzung durch Wurzelknospen und die

Aufhebung der Zeit im Aufblühen der Vergangenheit aus ephemerer Gegenwart.

Die in der zweiten Auflage meines Buches aufgenommene Lösung des Rätsels lautet:

ERDBEERBAUM ODER KÄNGURUH

Die Greisenrevue der Matinee Guermantes lehrt, wie die Zeit alle Gestalt verwandelt. Die wundersamste Metamorphose hat der Erzähler durchgemacht. Ihm hat das Alter »offenbar« das Aussehen eines »Erdbeerbaums oder Känguruhs« verliehen. *Macropus*, »Großfuß«, ist der Gattungsname des Springbeuteltiers: ein Kopf, halb Hirsch, halb Hase, ein schmächtiger Oberkörper mit kurzen Ärmchen auf einem massigen Unterleib mit verlängerten Hinterläufen und einem mächtigen Schwanz, dem das Männchen laut Brehm beim Vorspiel der Paarung »zarte Liebesbeweise spendet«. Das furchtsame Wesen ist ein tagsüber ruhendes Herdentier, aber »nach der Brunstzeit pflegen sich die ältesten Männchen von der Herde zu trennen und im dichteren Wald ein einsames Leben zu führen«. Wie der Erdbeerbaum ist das Känguruh in der *Recherche* eine einmalige Erscheinung. Welcher »Herde« es angehört, erhellt ein Flaubert-Pastiche vom Sommer 1894, als Proust mit seinem Geliebten Reynaldo Hahn im Schloß von Réveillon zu Gast war: »Mélomanie de Bouvard et Pécuchet«. Pécuchets Spott gilt einem Komponisten, der die Fledermausverse von Montesquiou vertont hat. »Fledermäuse!!!« Der nach Offenheit und Klarheit dürstende

Franzose werde dieses finstere Tier allemal verabscheuen. In den Versen eines blasierten Adeligen gehe es noch an, »aber in Musik gesetzt! demnächst gar ein *Requiem der Känguruhs?*«

Tagesruhe und Herdentrieb haben die Hüpftiere mit den Flattertieren gemein. Die einen jagen, die anderen äsen in der Dämmerung. Ihr nächtliches Treiben entzieht sich dem Blick der nach Offenheit und Klarheit Dürstenden. Offenbar sind die Pastiche-Känguruhs der aristotelischen Fabel im Gastmahl entsprungen, nachdem Zeus seine Drohung wahrgemacht hatte, die gespaltenen Mannmänner, weil sie keine Ruhe gaben, abermals zu spalten, so daß sie nun »auf einem Beine gehen und hüpfen«. Was wunder, daß sie in Trauer über ihre mehrfach verlorenen Hälften ein Requiem anstimmen!

Was aber hat es mit dem Erdbeerbaum auf sich? Den Sinn dieser Pflanze sog Proust aus dem Kapitel »La chenille de l'arbousier« in den *Souvenirs entomologiques*. *Arbutus unedo* aus der Familie der Ericaceen ist ein immergrüner baumartiger Strauch mit glänzenden lorbeerartigen Blättern, zinnoberroten, erdbeerähnlichen Früchten und hängenden Rispen weißer oder rosa behauchter Blütenglöckchen. »Wenn der Dezember naht«, schreibt Fabre, »gibt es nichts Anmutigeres als den Erdbeerbaum, der sein frisches grünes Laub gleichzeitig mit Früchten und mit Blüten schmückt, Korallenkugeln und bauchigen Glöckchen. Als einziges unserer Gewächse *verbindet er die Blüte der Gegenwart mit dem Reifen der Vergangenheit.*«

L'arbousier ist ein Analogiewunderbaum, der darstellt, was sich im Erzähler vor und im Palais Guermantes vollzieht. Wie er im Alter aussieht, hängt von einem Falter ab, der »eine Wattepelerine auf der Brust trägt«. Des Baumes gefährlicher Schädling ist *Euproctis chrysorrhoea*, wörtlich »goldfließender Schönafter«, bei uns »Goldafter« genannt. Die hübsche schneeweiße Spinnerin aus der Familie der Trägspinner bettet die Eier, die sie am Blatt ablegt, in ein rötlich verwaschenes, weißes Daunenkissen aus ihrer Afterwolle. Nach dem Schlupf »weidet« die »Herde« der Räupchen die oberste Hautschicht des Blattes ab, »das Übrige bleibt intakt, vergittert vom Netz der Blattrippen, die für die Neugeborenen zu hart sind«. Der Haut beraubt, trocknet das Blatt, krümmt sich wie eine Gondel und wird von den Raupen mit Fäden umsponnen. Gemeinsam zurren sie dann ein Bündel solcher wie verbrannt aussehender Blätter mit einem Schleier »herrlicher weißer Seide« am Zweig fest. In diesem Nest verbringen sie vor Wind und Wetter geschützt reglos den Winter. Nach viermonatiger Fastenzeit ziehen sie im März heißhungrig aus, verschmähen von den Blättern nur noch die Stiele und spinnen mal hier, mal da ein provisorisches Zelt im Geäst. Die kahlgefressenen Zweige sehen aus »wie Trockengestelle, an denen Lumpen hängen«. Der Goldafter liebt den Erdbeerbaum – daß der Strauch seine Liebe erwidert, kann der Spinner nicht erwarten.

Ob mit der Zeit verdorrt oder vom Goldafter geschädigt, der Erdbeerbaum gehört zu den Gewächsen, die sich durch Wurzelsprossen vermehren und sich nach Bränden auf diese

Weise regenerieren. Wie stark der gealterte Erdbeerbaum Marcel vom Goldafter befallen war, wie viele seiner Zweige vom unendlich dehnbaren Faden der Larven umsponnen, von ihrem Fraß entlaubt waren, ist unserer Phantasie überlassen. Von Proust selbst ist überliefert, daß er zum Schutz seiner Bronchien ein Wattevlies auf der Brust trug. Manchmal schauten Zipfel davon aus dem Hemdkragen heraus. So unterscheiden sich der schreibende und der beschriebene Marcel, Goldafter und Erdbeerbaum, und sind doch nicht voneinander zu trennen.

ES WAR EINMAL EUROPA

München 1577. Unter der Schirmherrschaft von Herzog Albrecht V. entfalteten die Künste im »bavarischen Musentempel« ihre schönsten Blüten. Keine Hofkapelle der Welt konnte sich mit der Münchner unter Leitung des in Italien geschulten Niederländers Orlando di Lasso messen, das von Jacopo Strada erdachte Antiquarium mit dem siebzig Meter langen Walfischbauchgewölbe war der größte profane Renaissancebau nördlich der Alpen, in der darüberliegenden Bibliothek war die Büchersammlung zur größten Europas angewachsen, als Sammler von Münzen, Medaillen, Statuen, Gemälden, kostbaren Kleinodien wetteiferten die Herzöge Albrecht V. und sein Sohn Wilhelm mit den reichsten Kunst- und Wunderkammern europäischer Höfe. Der niederländische Leibarzt Albrechts V., Samuel Quiccheberg, hatte die erste museologische Schrift nördlich der Alpen verfaßt, das Idealbild einer Sammlung, in der Bibliothek,

Kunstkammer und Antiquarium eine begehbare Enzyklopädie darstellen. Gelehrte, Künstler und Handwerker aus aller Herren Länder sorgten für die höfische Prachtentfaltung. Neun Jahre waren seit dem prunkvollsten Renaissancefest in München vergangen, mit dem drei Wochen lang die Hochzeit des Erbprinzen Wilhelm mit Renata von Lothringen à la Medici gefeiert worden war, die Ausschmückung der in ein florentinisches Lustschloß verwandelten Burg Trausnitz in Landshut im Auftrag des Thronfolgers war noch nicht vollendet, die Stelle des verstorbenen Hofminiaturisten Hans Mielich seit vier Jahren vakant, als Albrecht V. Anfang Oktober zwei Reisenden aus Antwerpen, die auf dem Weg nach Italien in München Station machten, die Schätze seiner Kunstkammer zeigte. Der ältere der beiden Italienpilger war ein berühmter Mann: Abraham Ortelius, Kosmograph und Altertumsforscher, Erfinder des ersten systematischen Atlas. Sein *Theatrum orbis terrarum* begeisterte das reiselustige wie das fingerwandernde Europa und gehörte selbstverständlich zum Bestand der herzoglichen Bibliothek. Aber nicht der illustre Kosmograph, der unbekannte Kaufmann in dessen Begleitung, Joris Hoefnagel, Gelehrter, Dichter und Maler-Autodidakt, ließ mit seiner 216 × 323 mm großen mit Wasserfarben auf Pergament gemalten Miniatur das Sammlerherz des kunstsinnigen Herzogs höher schlagen.

Hoefnagels »Ansicht von Sevilla in allegorischer Umrahmung« stellt mit dem reichen Goldschmuck ihrer überquellenden Bordüre ein wundersames Mischgebilde dar, halb

Goldschmiedewerk, halb Tapisserie. Die Verherrlichung
der Begegnung Spaniens mit Amerika nimmt die ganze
untere Bordüre ein. Zwei Triumphwagen in Gestalt phanta‚
stischer goldener Schiffe, wie man sie von Darstellungen hö‚
fischer Wasserspiele kennt, segeln auf dem offenen Meer. Die
Allegorie gebietet, daß die Winde aus entgegengesetzten
Richtungen blasen. Hinter dem Segel mit spanischem Wap‚
pen thront der Gott des Handels, Merkur, mit triumphie‚
rend erhobenem Caduceus. Zwei Mohren sitzen auf längli‚
chen Kisten, die wahrscheinlich Feuerwaffen enthalten. Der
Flußgott Guadalquivir hat seine Wasserurne über den Kopf
gestemmt und gießt den Strom über den eigenen Schoß ins
Meer, während Neptun, als Beherrscher der unbeständigen
See auf einer Glaskugel balancierend, seine Meerpferde an
straffen Zügeln hält. Den grotesken Mischwesen, Unge‚
heuern und mythologischen Figuren Hispanias stehen auf
westindischer Seite noch phantastischere Monster, noch rät‚
selhaftere Mythengestalten gegenüber: ein wütender Pluto
dirigiert von Backbord einen Faun, der ein goldenes Segel
hält, Proserpina trägt als Federkopfschmuck den Hintern‚
putz indianischer Krieger, ein nackter Prophet mit Rausche‚
bart reitet auf einem Drachen, ein schwarzbärtiger Indianer
auf einem wasserspeienden Phantasie‚Walfisch.

Albrecht V. erwarb das Wunderwerk für einhundert
Goldkronen und bot Hoefnagel die Stelle des Hofminiaturi‚
sten an. Als Joris nach seiner Rückkehr aus Italien 1578 in
die Dienste des Herzogs trat, blieb diesem noch ein Lebens‚
jahr, sich an den Miniaturen des Kaufmanns aus Antwerpen

zu ergötzen. Nachdem Hoefnagels »einzigartiger Mäzen« im Oktober 1579 verschieden war, zog Herzog Wilhelm V. mit seiner Kunstkammer aus Landshut in die Münchner Residenz. Sein Ergötzen an den Werken des Hofminiaturisten stand dem seines Vaters nicht nach. Zwölf Jahre wirkte Hoefnagel im »bavarischen Musentempel«, wie er seine Bleibe nannte. Keine einzige seiner Kabinettminiaturen ist in München verblieben. Nur die verblichenen Elfenbeinminiaturen, die in die Orgel der Reichen Kapelle in der Residenz eingelassen sind, zeugen von seiner Tätigkeit als Hofminiaturist. Sein Sevilla-Blatt war schon 1632, nach dem Einzug des Schwedenkönigs Gustav Adolf in die Stadt, mit vielen anderen Kostbarkeiten aus der Schatzkammer der Residenz verschwunden. Zweihundert Jahre später tauchte es in Brüssel wieder auf. Ein Engländer zog es als Pfand für seine unbegliche Hotelrechnung aus dem Reisegepäck. Hin und wieder wird ein Blatt im Handel angeboten. 2001 wurde eine ganze Jahreszeitenfolge vom Louvre zu einem horrenden Preis erworben, vier Kabinettminiaturen aus Hoefnagels Münchner Zeit, mit allerlei Getier, Insekten, Muscheln, Früchten und Blumen. Stilleben wie diese waren Hoefnagels Erfindung.

Einer Niederländerin in München ist es zu verdanken, daß wir das Wunderwerk der Sevilla-Miniatur, das Herbst- und Winterblatt der Jahreszeitenfolge aus dem Louvre und zahlreiche andere Werke des Malers zum ersten Mal in einem »bavarischen Musentempel« sehen können, in den sie den Raum ihrer Ausstellung in der Neuen Pinakothek verwandelt hat. Thea Vignau-Wilberg, die 1969 mit ihrer Studie *Die emblematischen Elemente im Werk Joris Hoefnagels* in Leiden promoviert wurde, betreut seit 15 Jahren Zeichnungen und Druckgraphik der Niederländer in der Staatlichen Graphischen Sammlung in München. Als Geistesverwandte ihrer erasmischen Landsleute aus dem 16. Jahrhundert hat sie mit großer Gelehrsamkeit und Begeisterung die in alle Winde zerstreuten Werke des Goldenen Zeitalters der Künste in München aus europäischen Museen und Privatsammlungen wieder zusammengeführt. Zum ersten Mal sind fast alle im Auftrag von Wilhelm V. entstandenen Zeichnungen von Friedrich Sustris zu sehen, und man begreift Vasaris Lob der *dolcissima maniera* des niederländischen Kollegen, der in Florenz am Hof der Medici sein Gehilfe war. Von Italien nach Augsburg berufen, dekorierte Sustris das Fuggerhaus, zog 1573 nach Landshut, wo er die 1961 verbrannten Fresken der Burg Trausnitz entwarf. In München geht die Ausschmückung des Antiquariums, die Gestalt des Grottenhofes in der Residenz, der Bau und die Ausstattung der Kirche St. Michael, die als Bollwerk der Gegenreformation gedacht war, auf seine Entwürfe zurück.

Hat man sich an allen Augenweiden der Ausstellung sattgesehen und ist wieder am Ausgangspunkt der Zeitreise ins 16. Jahrhundert angelangt, begegnet man noch einmal dem melancholischen Blick Wilhelms V., den Hans von Aachen um 1589 auf die Leinwand gebannt hat. Zum Zeitpunkt der Entstehung des Konterfeis war das Ende von Münchens glanzvoller Zeit abzusehen. Die Glaubensfreiheit der Hofkünstler, die einst vor der Tyrannei der spanischen Niederlande geflohen waren, wurde aufgehoben. Der reiche Herzog war überreich an Schulden. 1597 zwangen ihn die zerrütteten Finanzen zur Abdankung. Die erasmische Sehnsucht nach einer friedlichen Welt, in der jeder Mensch seine Gaben zum Ruhme dessen entfalten kann, der sie verliehen hat, lebte unter den Niederländern der Zeit an anderen Orten, anderen Höfen fort.

SCHWARZE SCHWUNGFEDER
DER VERHEISSUNG

Schwer hat der Albatros an Land an seinen mächtigen Schwingen zu tragen. Ihn mit den Winden spielend über den Meereswellen durch die Luft gleiten zu sehen, war ein Höhepunkt in Tania Blixens Leben. Es war der Vater, der sie in ihrer Kindheit unter seine Fittiche nahm und die Liebe zur Natur, zu den wilden Tieren, namentlich den Vögeln, auf sie übertrug. Wenn er in unvorhersehbaren Zeitabständen aus ihr unbekannter Ferne heimgekehrt war, nahm er sie bei der Hand und lehrte sie unter freiem Himmel die Flugsilhouetten der Greifvögel, die Stimmen der Sänger zu unterscheiden, die Vorzeichen der Migration zu erkennen. »Eine ganze Welt tut sich einem auf, wenn man vom Vogelzug hört, dem riesigen Netz, das um den Erdball gesponnen wird auf Grund eines uns unbegreiflichen Rufes, der die Vögel zwingt, ihr Leben einzusetzen«, schreibt sie in Erinnerung an die Streifzüge mit dem Vater. Die Nachricht von seinem

Tode nahm sie als Zehnjährige zitternd auf. Wann genau sie erfuhr, daß der Wagemutige, den sie als einen Zugvogel liebte, sich wie ein Deserteur an einem Deckenbalken erhängte, ist nicht überliefert. Seiner Fittiche beraubt der Schwere preisgegeben, dichtet sie: »In seinem Gefängnis singt mein Herz von Schwingen nur, von Schwingen.« Aus grausamer Bürde und unauflöslicher Verstrickung trieb ihr Wunsch hervor, ungebunden und schwerelos die Erde unter sich versinken zu sehen.

Lebensinbrünstig wie ein Vogel zog sie 1914 ins Hochland Britisch-Ostafrikas. Nichts lag ihr ferner, als das Rätsel des Zugzwangs mit dem Kampf ums Dasein zu erklären. Lieber sah sie ihre Träume im Giraffenbeispiel des Chevalier de Lamarck gespiegelt. Alt ist die Welt und wandelbar. Unermeßlich sind die Zeiträume, über die die Natur verfügt, ihre Geschöpfe dem Wandel anzupassen. Aus dem Wunsch, die frischen Wipfelsprosse der Schirmakazien mit der Zunge zu umfassen und zu verschmausen, soll, »par des efforts de sentiments intérieurs«, der langstengelige Hals der Giraffen hervorgegangen sein. Aus Darwins Wüste sei sie, jung noch, in Lamarcks grünende Gärten gekommen, schreibt Tania Blixen 1923 in ihrem Essay *Moderne Ehe und andere Betrachtungen* und verkündet: »Wollt ihr in der Luft fliegen? (...) Dann haltet ein paar tausend Jahre an eurem Wunsche fest, und es werden euch Flügel wachsen.«

Ein Lichtbild von 1924 zeigt sie im Speisezimmer ihrer kenianischen Farm mit einer jungen Eule auf der Schulter, einem Woodfordkauz vielleicht oder einem Fleckenuhukind.

Während der Aufnahme wackelnd, hat sich das Käuzchen neben dem Kopf seiner Ziehmutter der Bestimmbarkeit entzogen. Minerva wurde es genannt. In Afrikas Steppen ernähren sich die Eulen vor allem von Eidechsen und Schlangen. Fusseln und Fäden, die sich in der Zugluft auf dem Fußboden bewegen, muten wie Beute an. Als solche wurden sie vom Käuzchen erjagt und verschlungen. Eine sich ringelnde Gardinenschnur wurde ihm zum Verhängnis. Es schluckte das vermeintliche Reptil und erhängte sich daran. Kein Wort darüber aus Tania Blixens Feder. Minerva starb einen Tag vor ihrer Abreise nach Europa Anfang März 1925. Da war es schon eine Weile her, daß sie in einem Stillleben, das sie ihrer Tante Bess schenkte, eine ausgestopfte Eule dieser Art gemalt hatte, nicht ahnend, daß es einmal das Erinnerungsbild an den Kauz werden würde, der das gleiche Ende wie ihr Vater nahm.

Im Sommer 1923 hatte ihr Geliebter Denys Finch Hatton seine Habseligkeiten bei ihr untergebracht, um wie immer bald wieder das Weite zu suchen, ein Zugvogel auch er. Sie verstand seine Herzlosigkeit als die eines Ariel, sein Wesen als so rein, klar, ehrlich und durchschaubar wie das Element, das ihr das liebste war. Er nannte sie Titania. Es spricht für seine Selbstironie. Wenn der Baronin Gatte Bror Blixen Oberon sein sollte, dann konnte er selbst nur der eselsköpfige Zettel sein, den zu lieben Titania auf Grund eines Augenzaubers gezwungen war, der an die Prägung einer frisch geschlüpften Graugans erinnert, die als erstes Wesen einen Menschen erblickt.

In seine eigenen Liebschaften verstrickt, versäumte Oberon Blixen, den Zauber zu lösen wie im Sommernachtstraum. Ob Titania Blixen ahnte, daß ihr Zettel in der schönen Beryl Markham ab 1923 eine Parallelgeliebte fand, hat sie im Dunkeln gelassen. »Ich bin für Zeit und Ewigkeit an Denys gebunden«, vertraut sie ihrem Bruder an, »gezwungen den Erdboden zu lieben, auf den er tritt, über die Maßen glücklich zu sein, wenn er hier ist, und jedesmal Schlimmeres als den Tod zu erleiden, wenn er geht.« In tausendundeiner Nacht hat sie erzählend den »Tod« aufgeschoben, von dem sie wissen mußte, daß er unabwendbar war. Nur in der Aussichtslosigkeit hat die Liebe zum Unmöglichen Bestand. Die bittere Erfahrung vom Oktober 1922, daß es nicht dem Plaisir ihres lauschenden Lords entsprach, wie Scheherazades Sultan die Aussicht auf einen Sohn präsentiert zu bekommen, hat sie im Mai 1926 noch einmal wiederholt. Im April 1930 zog ihr Geliebter mit seinen Siebensachen in die Nähe der flotten Fliegerin Beryl. Im Vorjahr hatte er in England den Flugschein erworben, und von dort kehrte Titanias Traumpilot im September 1930 mit einem eigenen Flugzeug zurück. »Nzige« taufte er seinen leuchtend gelb lackierten Doppeldecker, der Suaheliname für Heuschrecke.

Unerwartet landete der gelbe *grashopper* auf Titanias Grasland. In ihm erfüllte sich ihr Traum, wie ein Vogel die Erde unter sich versinken zu sehen. Das »feingezeichnete Schildpatt« der Steppenlandschaft, die Flamingoperlen im blendend blauen Natronsee, die grasenden Büffel im Mäuseformat auf einer grünen Stoffrippe am Hang der Ngongberge, die ganze Welt unter ihr offenbarte einen Sinn, der Rettung verhieß. »Ich begreife«, sagte sie sich, »so war's gemeint, jetzt verstehe ich alles.«

Wieviel Zeit seit dem letzten Flug mit dem Geliebten vergangen war, als dieser in Begleitung eines seiner Boys am 14. Mai 1931 abstürzte, ist ein Geheimnis der Autorin, die ihre göttliche Erzählperspektive in den Lüften fand. Auch die von Denys Finch Hatton vollzogene Trennung, die ihn bewog, einen ihr einst aus Abessinien mitgebrachten Goldring zurückzufordern, findet in ihren Erinnerungen keine Erwähnung. Mit der Feder hat sie stets den über jeden Zweifel erhabenen archimedischen Standpunkt eingenommen, von dem aus alles gestürzt oder ausgehebelt werden kann. Eine großherzige Geste deckt im Afrikabuch die schnöde Rückforderung des Ringes. Er soll aus so weichem Gold gewesen sein, daß er sich von ihrem auf den Finger des Geliebten zaubern ließ, und weil sie die Flammen, in denen sein Flugzeug beim Absturz aufging, ebenso wegblendet wie die drei verkohlten Apfelsinen, die aus den Trümmern der Maschine rollten, kann sie uns getrost überzeugen, daß der Ring ihren Geliebten noch im Grabe schmückt. Die krude Trennung selbst hat sie in eine wahrhaft würdige Abschiedsszene verwandelt. Nach dem Versprechen, an dem Tag, der sein Todestag werden sollte, zum Mittagessen wieder auf der Farm zu sein, braust der Geliebte mit seinem Wagen davon. Kaum um die Ecke gebogen, macht er wieder kehrt, um ein Buch mitzunehmen, aus dem er ihr, den einen Fuß schon auf dem Trittbrett des Wagens, mit der Ankündigung: »Da sind sie, deine grauen Gänse«, die Zeilen eines Gedichtes vorliest, über das sie gesprochen hatten:

Graugänse sah ich fliegen über das flache Land,
Wildgänse schwirrend in den hohen Lüften
– Unbeirrten Flugs von Horizont zu Horizont –,
Mit ihrer Seele straff in den gereckten Hälsen ...
... Und ihr graues Weiß bebändert die ungeheuren Himmel
Und die Speichen der Sonne über faltigen Gebirgen.

Keinen ausgebrannten Doppeldecker, die schwarzen Rippen eines Schiffes, das im Sand verfault, überfliegen die Graugänse in den ausgelassenen Zeilen des Gedichtes von Iris Tree. »Um übersehen zu können, was einem genau vor der Nase liegt, bedarf es einer ungewöhnlichen Überlegenheit«, kommentierte Tania Blixen in ihrem Essay *Moderne Ehe und andere Betrachtungen* das »Nichts«, das König Ludwig XVI. am 14. Juli 1789 in sein Tagebuch eintrug. Was immer die letzten Worte Denys Finch Hattons in Wahrheit gewesen sein mögen, die Wahrheit der verdichteten Abschiedsszene hat eine andere Dimension. In ihr fallen die Gegensätze von Weitsicht und Verblendung zusammen. Hellsichtig wie ein Gott und ahnungslos wie der König am Tag der Revolution liest der Geliebte das Gedicht, in dem sein Tod verborgen ist, und zieht, den einen Fuß in den Wolken, den anderen schon im Grab, fröhlich davon.

Ein Platz in den Bergen, den Tania Blixen einst für das

eigene Grab ausersehen hatte, mit grandioser Aussicht auf den Kilimandscharo in der Ferne und einem kleinen roten Fleck im näheren Grün – dem Ziegeldach ihres Hauses auf der Waldlichtung –, nahm den Leichnam ihres Geliebten auf. Sie war nun seine andere Hälfte und galt als solche endlich auch in den Augen der Welt. Was das Leben ihr versagt hatte, verlieh ihr der Tod. Welche Metamorphosen sie aus der Vogelperspektive in ihm wirksam sah, hat sie im Afrikabuch nicht im Kapitel »Das Grab in den Bergen«, sondern in der ihm vorausgehenden Schilderung des sterbenden Kinanjui festgehalten, des alten Häuptlings der Kikuju: »Jetzt breitete sich der Fittich des Todes über das Manyatta und bildete, wie ein starker Magnet, das Kraftfeld um, so daß sich neue Gruppen und Verbindungen zu einem neuen Muster ordneten.« Nichts Barmherzigeres als der Fittich des Todes, nachdem eine Hälfte von ihr in den Ngongbergen begraben lag. Welchem Kraftfeld es entsprach, daß sie es schweren Herzens über sich brachte, »ihren« Häuptling, wie sie ihn nennt, dem es vor der Einweisung ins Missionskrankenhaus graute, weshalb er sie bat, in ihrem Haus sterben zu dürfen, den letzten Wunsch abzuschlagen, bleibt in der Schilderung ihres Besuches in der großen Hütte zunächst rätselhaft. Wackelig wie der Stuhl, auf dem sie am Bett des Sterbenden Platz genommen hat, und die Argumente, mit denen sie ihr Gewissen zu beschwichtigen sucht. Bei ihrem Nein verdüsterte sich das Antlitz ihres getreuen Dieners Farah. Zutiefst verstört nahmen die versammelten Alten der Kikujus die Ablehnung auf, während der in seiner Blöße aufgebahrte Kinanjui reglos und stumm seine Augen weiter auf die Herrin heftete, die sie nicht mehr war. Grausamer als zu dem Sterbenden war sie mit ihrem Nein zu sich selbst. Als sie in die kalte Nacht hinaustrat, »es mochte nach Mitternacht sein«, hörte sie »im Dorf einen von Kinanjuis Hähnen zweimal krähen«. Er krähte zur Unzeit, denn auch er gehorchte in dieser Schicksalsanekdote nicht seiner Natur, sondern erfüllte eine Verheißung.

Das Haus auf der Waldlichtung gehörte der Erzählerin nicht mehr. Es war mit seiner horrenden Hypothek in den Besitz eines Bauunternehmers übergegangen. Die notwendige Liquidierung der Karen Coffee Company stand noch aus, und das Schlimmste war in die Wege geleitet: die Umwandlung ihrer 6000 Morgen Wald, Grasland und Felder in Bauerwartungsland. Während der verbleibenden Gnadenfrist bis zur letzten Kaffeebohnenernte sorgte sie dafür, daß ihre dienstbaren Geister mit ihren Familien, ihre Squatter mit dem Vieh, die eigenen Hunde, Pferde und Ochsen in anderen Häusern, unter anderer Herrschaft, eine würdige Bleibe fanden. Sie mußte alles verlorengeben, womit sie eins gewesen war: die Kikuju, Massai und Somali, die wilden und die zahmen Tiere, die blauen Berge und die spiegelnde Luft, das hohe Gras und die blühende Steppe, die fiebrige Dürre und den Nachtwind im Dorngebüsch. Welches dichterische Vermögen ihr aus dem Verlust von allem, was sie liebte, zuwachsen würde, konnte sie im Mahlstrom der Ereignisse unmöglich erkennen. Aber etwas in ihr war ihr selbst voraus. Ihre Weigerung, den sterbenden Kinanjui aufzunehmen, zeugt davon, daß die Bildung des Kraftfeldes, in dem sich die komplexen Muster ihrer Erzählungen entfalten sollten, bereits vollendet war.

Es heißt, ein Unglück komme selten allein. Im Leben von Tania Blixen trat es als Serie auf. An den Zufall zu glauben verbot ihr der Stolz, der mit dem Vertrauen in die Sinnfälligkeit des Schicksals verknüpft war. In der bodenlosen Finsternis ihrer Trauer um den Geliebten machte sie sich eine Woche nach seinem Tode auf die Suche nach einem Zeichen, das ihr den Sinn erhellen könnte, der im Kern ihres geballten Unglücks verborgen war. Ein weißes Geflügel half ihr auf die Sprünge. Zum Gelächter der großen Mächte, die sie in ihrer Verzweiflung angerufen hatte, begegnete es der Tapferkeit eines kleinen Reptils mit der seiner Natur gemäßen ganz unbiblischen Herzlosigkeit.

»Fathimas großer, weißer Hahn stolzierte auf mich zu«, schreibt die Sinnsucherin im vorletzten Kapitel ihres Buches, »Plötzlich blieb er stehen, legte den Kopf erst auf die eine Seite und dann auf die andere und steifte seinen Kamm. Von der anderen Seite des Weges kam aus dem Grase ein kleines Chamäleon, das, wie der Hahn, auf seinem morgendlichen Erkundungsgang begriffen war. Der Hahn schritt stracks darauf zu – denn Hühner töten und fressen derlei Getier – und stieß ein paar Gluckser der Befriedigung aus. Das Chamäleon erstarrte, vom Anblick des Hahnes gebannt. Es hatte Angst, aber es war zugleich sehr tapfer, es pflanzte seine Füßchen stramm auf den Boden, öffnete sein Maul, soweit es nur ging, und schoß, seinen Feind auf einen Hieb zu verscheuchen, seine keulenförmige Zunge gegen den Hahn ab. Der Hahn stand eine Sekunde verblüfft da, dann ließ er rasch und entschieden seinen Schnabel wie einen Hammer niedersausen und knipste dem Chamäleon die Zunge ab.«

Sie verstand es nicht gleich. Vor Angst erstarrt wie das Chamäleon im Bann des Hahnes, sitzt sie lange da, unfähig, das Zeichen zu begreifen. Als ihr im Verlauf der nächsten Tage aufgeht, daß ihr das »Grauenvolle und Furchtbare« des eigenen Schicksals *en miniature* vorgeführt worden war, wird ihr auch klar, warum die angerufenen Mächte über sie wie »über alle Hähne und Chamäleons« gelacht hatten und das Gelächter im Echo aus den Bergen eine Antwort fand. Sie sah es als einen Akt der Barmherzigkeit an, daß sie das Chamäleon unmittelbar nach der Zungenamputation mit einem großen Stein erschlug, um ihm einen qualvollen Hungertod zu ersparen. Das Rätsel ihrer Verstummung über die Entzweiung von Denys Finch Hatton war in ihm verkörpert. Es auszulöschen war ihr ein Trost.

Fünf Jahre waren seit ihrer Heimkehr nach Rungstedlund vergangen, als sie mit der Niederschrift von *Out of Africa* begann. Weder das Süße noch das Bittere ihrer Liebe kommen darin vor. In ihren Augen war Eros eher ein ausgewachsener Bösewicht als ein geflügeltes Knäblein mit Köcher. Zwar verschmäht er nicht das Bogenschießen, aber aus der Nähe holt er wie Hephaistos mit dem Hammer aus. Das »alte griechische Lied«, das sie in *Out of Africa* zitiert, hatte ihr ein »Freund« übersetzt:

> Eros struck out, like a smith with his hammer,
> so that the sparks flew from my defiance.
> He cooled my heart in tears and lamentations,
> like red-hot iron in a stream.

Treffender als der Freund, der wohl Denys Finch Hatton hieß, hat Mörike Anakreons Distichon übertragen:

> Wie mit Machtstreichen der Schmied,
> so hämmert' erst mich Eros,
> Und im Wildbache nun,
> schreckt er grausend kalt die Glut mir.

Nichts Sanftes eignet diesem Eros. Es ist der Alles Bezwingende der antiken Kosmogonie, dem sich alles Erschaffene verdankt, die Macht, die die Welt zusammenhält, und das unerschöpfliche Prinzip, aus dem sie sich erneuert. Der Erstgeborene der Götter ist das Kind der schwarzgeflügelten Nacht und des sie befruchtenden Windes. Nicht aus einem Schoß, aus einem Ei ist er geschlüpft, eine Art und Weise, das Licht der Welt zu erblicken, die Tania Blixen beneidenswert fand. Heroisch hat sie jegliche Schmerzen ertragen, aber vor dem Geburtsvorgang graute ihr. Nach einem Besuch im Native Maternity Home schreibt sie im Juni 1928 der Mutter: »... in gewisser Weise ist es ja ganz natürlich, aber ich finde, es ist eine grausame Methode, und wünschte, man würde etwas anderes erfinden, – stell Dir vor, wie hübsch es wäre, wenn man auf einem Ei sitzen könnte.«

Mehr der Diana gewogen als der Venus, muß es doch ganz nach ihrem Geschmack gewesen sein, daß Amor nach römischer Sage als Kind von Mars und Venus, von seiner Mutter ausgesetzt, nicht an deren Brüsten, sondern an den Zitzen der wilden Tiere des Waldes hing.

Von wilder Zärtlichkeit zeugt im Kapitel »Schwingen« die Schilderung des Empfangs für Denys Finch Hatton, wenn er aus der Ferne heimkehrte. Weil für sie alle Dinge zu reden anfingen und sagten, wes Wesens sie seien, wenn er bei ihr war, läßt Isak Dinesen, wie sie sich als Autorin des Afrikabuches nennt, ihr Anwesen sprechen: »Wenn er zur Farm zurückkehrte, hieß sie ihn in ihrer Sprache willkommen, der Sprache, deren eine Kaffeepflanzung fähig ist, wenn die ersten Regenschauer sie mit Blüten überschütten wie mit einer kreidigen Wolke.« Man kann sich die Wonnewolken vorstellen, in die sie den Geliebten gehüllt hat. Ihn mit ihren Darbietungen à la Scheherazade zu bezaubern, scheint ihr nur allzu gut gelungen zu sein. Je umgarnter er sich fühlte, desto mehr entzog er sich. Sie konnte das gut verstehen. Die Bindungsängste teilte sie mit ihm. Eben darum hatte sie ihn gewählt. Es lag in der Logik dieser Konstellation, daß sich das anfänglich vielleicht minimale Ungleichgewicht ihrer gegenseitigen Liebe mit jedem Abschnitt ihrer Geschichte zuungunsten der immer wieder Verlassenen verschob. Je weniger sie sich im Laufe der Zeit von ihm geliebt wußte, desto grausamer fühlte sie sich als die ewig Wartende gefesselt und der Angst ausgeliefert, ihn nie wiederzusehen. Über Jahre hielt sie ihre Zunge im Zaum, wohlwissend, daß ein Geständnis ihrer verzweifelten Liebe den Bindungscheuen in die Flucht schlagen würde. »So zum Schweigen verurteilt zu sein, wie ich es hier bin«, schreibt sie ihrem Bruder im April 1926, »das ist ein Gefühl, als wäre man lebendig begraben.« Mit Denys als einzigem Lebensinhalt, Mal um Mal aus dem Himmel seiner kurzen Anwesenheit in schroffen Übergängen in die Hölle »völliger Öde, Leere und Finsternis« gestürzt, in der sie während seiner monatelangen Abwesenheit allein in der Hoffnung auf seine Wiederkehr lebte, glaubte sie an ihrer Liebe zugrunde zu gehen.

Erst vier Monate später wagte sie es, den schwärzesten aller Briefe in Begleitung eines helleren an den Bruder zu senden. Indessen hatte sie ihm schon mitgeteilt, daß ihre Zuneigung zu Denys ihrem Leben eine unbeschreibliche Süße gebe. Seit jeher, schreibt sie dem Bruder nun, sei es ihre Gewohnheit gewesen, sich im Glück zu fragen, wieviel davon noch vor ihr liege, und sich zu sagen, »bald würde es zu Ende sein, abgeschnitten werden, die Einschnittstelle konnte man von dort, wo man gerade stand, bereits erkennen«.

Bei dem großen Gespür, über das sie verfügte, mutet es unwahrscheinlich an, daß es ihr entgangen sein sollte, in welches Lotterbett Denys ihr entglitt. Die Freizügigkeit der jungen Beryl war allgemein bekannt. Darin vor allem unterschied sie sich von der älteren Geliebten, die sich derweil mit einer Theorie der »Parallelliebe«, die sie auch als eine Art »Homosexualität« ansah, über ihre Entbehrungen zu trösten versuchte. Kann man sich ein deutlicheres Indiz dafür vorstellen, daß sie wußte, was gespielt wurde?

»Ich habe wohl kein Talent, ein sexuelles Verhältnis als solches mit tiefem Ernst zu betrachten«, schreibt sie im November 1927 an den Bruder. In diesem Brief hat sie noch einmal, wie in ihrem Essay, die Geschlechtsmoral der Zeit ins Visier genommen. Der Sündenfall in Sachen Liebescode ging für sie nach wie vor auf die in der Romantik wurzelnde Vorstellung zurück, man könne eine Ehe auf die Erotik gründen. Die Verwirrung, die aus dem Irrtum hervorgegangen sei, etwas Dauerhaftes auf diese gefährliche und unsichere Macht zu gründen, sah sie nur bei einer Minderheit aufgehoben, jenen jungen Leuten, die sexuelle Beziehungen fast zu den normalen Umgangsformen rechneten und für die alles *all right* sei, solange niemand vorgebe, die Sache ernst zu nehmen.

Aus der Vogelperspektive zeichnete sich deutlich ab, daß aus dieser Minorität einmal eine Majorität werden würde. Es lag ihr fern, das zu verurteilen, aber den Preis einer solchen Banalisierung des Eros zu zahlen, wollte sie lieber der Nymphe im Zirkel jener Minderheit überlassen, die ihre Rivalin war. Das Fliegen um des Fliegens willen war ihr eine Wonne, das Vögeln um des Vögelns willen schien ihr schal. Beim Fliegen blieb der Geist mit Leib und Seele verbunden, dieses Band zu lösen war ihr eine unerträgliche Vorstellung. »Entweder hat ein ›sexuelles Verhältnis‹ an sich ein bestimmtes Gewicht, eine Bedeutung über sich selbst hinaus«, schreibt sie an den Bruder, »und ein Irrtum in diesem Punkt ist wirklich ein Unglück oder, wie man früher sagte, ›ein Fall nach unten‹ – oder es existiert ausschließlich zur Freude der

Beteiligten und wird im gegenseitigen Einvernehmen einge‑
gangen und aufgelöst.« Um zu zeigen, wie verheerend Ver‑
hältnisse sind, die bei aufkommenden Divergenzen nur den
Schlußstrich kennen, wählt sie das Beispiel einer Frau, die
bei ihr Rat gesucht haben soll: »Ihr Mann verstieß ausgie‑
big gegen das, was man in früheren Zeiten die Verpflichtung
zur ehelichen Treue nannte, und als sie sich beklagte, schlug
er ihr vor, sie könne doch das gleiche tun; er habe nichts
dagegen. Für sie war das keineswegs zufriedenstellend, da
sie keine Wünsche in dieser Hinsicht hegte. Na gut, dann
könnten sie sich ja scheiden lassen, was wolle sie denn noch
mehr verlangen?« Welchen Rat sie ihr gab, sagt sie nicht,
denn wenn sie nicht selbst die Ratsuchende war, teilte sie
jedenfalls die Ratlosigkeit.

Sie kann nicht mehr viel zu verlieren gehabt haben, als es
drei Jahre später zum Zerwürfnis mit Denys kam. Daß sie
ihn mit dem, was sie ihm entgegenschleuderte, verscheuchen
wollte, hat sie vielleicht erst durch die Szene mit dem Hahn
und dem Chamäleon erkannt.

Als das Wichtigste erschien ihr, im Unglück einen Über‑
blick oder Weitblick zu erlangen, eine Distanz zu gewinnen,
in der das Verzweiflungsvolle so weit zurückweicht, daß es
seine unmittelbare Bedeutung verliert und sich aus der Wirr‑
sal, wie bei einer Anamorphose, eine Gestalt abhebt, die dem
Ganzen des Lebens einen Sinn verleiht. Sie hat diese Kunst
der Sinnschöpfung einem Zeichenspiel ihrer Kindheit ent‑
nommen, bei dem zur Erzählung über die Mißgeschicke
eines Mannes eine Zeichnung entstand: sein rundes Haus

mit rundem Fenster, davor das langgezogene Dreieck seines Gartens, ein Weg zu seinem lecken Fischteich, aus dem das Wasser mitsamt den Fischen quillt, dazu die Strecken, die der vom Pech Verfolgte, über Steine stolpernd, in Gräben stürzend, im Bemühen, das Loch im Damm des Teiches zu stopfen, nächtens hin- und herirrt. Die Moral von der Geschichte war, daß der Mann am Morgen seiner Unglücksnacht aus dem Fensterauge schaut und im runden Haus den Kopf des Vogels erkennt, im Garten seinen Schnabel, im Weg zum Teich den Hals, im Teich und den Fischen den Leib und die Federn, im überquellenden Wasser den Schwanz und in den Irrwegen, Steinen und Gräben dessen Beine und Krallen. Es war die Gestalt des Vogels, der der Sage nach dafür sorgt, daß das Leben weitergeht: der STORCH.

»Die Enge, in der ich stecke, das dunkle Loch, in dem ich liege – zu welcher Vogelkralle mag das wohl gehören? Wenn die Zeichnung meines Lebens fertig ist, werden dann die anderen einen Storch sehen?«, fragt sich die sieche Erzählerin bei der Niederschrift von *Out of Africa*. Sie selbst hatte im Rückblick auf ihre Krankheit und die Begegnung mit Denys schon im Begleitschreiben ihres schwärzesten Briefes verkündet, sie ahne den Storch. Den »Storch sehen« ist ein Leitmotiv ihrer Briefe, während der reale weiße Vogel mit den schwarzen Schwungfedern im Afrikabuch einen Auftritt hat, der an Vater Storch in Andersens Märchen *Schlammkönigs Tochter* erinnert.

Wie durch ihre Gedanken herbeigezaubert stand er eines Tages, als sie gerade über das Storchmotiv sinnend am Steintisch vor dem Hause saß, vor ihr auf dem Rasen. Er hatte sich einen Flügel gebrochen und vertraute auf die Fütterung durch Menschenhand. Zwei Jahre lebte er bei ihr. Wie würdevoll er durch die Räume ihres Hauses schritt und welche erbitterten Kämpfe er mit »stolzgesträubten Flügeln« in ihrem Schlafzimmer mit seinem Spiegelbild ausfocht, hat sie in dem ihrem Hundetoto Kamante gewidmeten Kapitel »Der Wilde im Hause der Weißen« geschildert. In den Konflikt, der für sie darin bestand, daß der Storch außer den Fröschen und Ratten, die man ihm servierte, auch ihre geliebten Gänseküken fraß, hat sie nur die Mutter eingeweiht.

Auch einen Reiher verstand sie zu zähmen. Da Reiher jedoch im Kapitel »Afrikanische Vögel« nicht vorkommen, kann man nur raten, um welche Art es sich gehandelt haben könnte. In diesem Kapitel vergleicht sie eine Schar Nashornvögel mit schwatzenden Erben nach einem Begräbnis. Beeindruckt von der »tiefen, wie in Jahrhunderten eingesogenen Schwärze« ihres Gefieders, das sie an alten Ruß erinnerte, begriff sie plötzlich, »daß eigentlich an Eleganz und Eindringlichkeit und Kraft keine Farbe sich mit Schwarz messen kann.« Ein ausgestopftes Exemplar dieser ihr unheimlichen Vögel hat sie mit einem Krug und der aufgeschlagenen Geschichte Dänemarks dargestellt. Dieses im gleichen Format wie jenes Eulenstilleben gemalte Bild sah sie als ihr bestes an und schenkte es ihrem Geliebten. Nach seinem Begräbnis ging es in ihre Hände zurück und kam mit ihr nach Dänemark. Da war sie nur noch ein Schatten der Frau, die einst in Lamarcks grünende Gärten gezogen war. Je magerer und kränker sie wurde, desto stärker trat ihre Vogelhaftigkeit hervor. Es mutet wie eine ungeheuerliche Ironie des Schicksals an, daß sie 1962 an Auszehrung starb. Sie erfüllte mit ihrem Hungertod jedoch eine eigene Verheißung. In einem Satz am Ende des Chamäleon-Kapitels hat sie ihn um sechsundzwanzig Jahre vorweggenommen: »... als die Zeit kam, da ich nichts mehr besaß, erwies sich's, daß ich selbst für das Schicksal, das sich seiner Last entledigte, die leichteste Bürde war.«

Nachdem ihr Leben in den Ngongbergen begraben war, spielte das Schicksal gleichsam keine Rolle mehr. Sie war nun Schicksal, sie war es mit der Feder auf dem Papier für ihre erfundenen Figuren, und sie erlag mitunter zu ihrem eigenen Leidwesen der Versuchung, es auch mit den lebenden zu spielen. In der Machtlosigkeit über die eigene Macht hatte sie schon im Afrikabuch das Verhängnis der Genialität erkannt.

Als Tochter eines Zugvogels und andere Hälfte eines solchen, vermachte sie den Erlös aus ihrem Werk und den Park in Rungstedlund den Vögeln, die Jahr für Jahr ihr Anwesen mit dem Land ihres Herzens verbinden. Nach ihrem Wunsch sollte die Literatur in die Natur eingebettet sein wie das Museum im Vogelparadies des Parks. In den Grabstein auf der Ewaldshöhe ist nur ihr Name gemeißelt. Jenes Grab in den Bergen des anderen Kontinents überragt ein Obelisk mit der Inschrift einer Zeile von Coleridge: »He prayeth well who loveth well both man and bird and beast.«

DER SECHSTE SINN

Das größte Sinnesorgan aller Geschöpfe auf Erden ist dem Menschen mit seiner nackten Haut gegeben. Von der Bedeutsamkeit des Tastsinnes für unser Erkenntnisvermögen zeugen die Worte »begreifen«, »erfassen«, *comprendre*. Buffon geht in seiner *Naturgeschichte des Menschen* (1749) der Frage nach, auf welche Weise sich der Tastsinn bei einem Erwachsenen entwickeln würde, der, wie Adam im Paradies, sich und die Welt zum ersten Mal wahrnähme. Was würden seine ersten Bewegungen, Empfindungen, Urteile, Gedanken sein? Was hätte er uns zu erzählen? Auf Eindringlichkeit bedacht, schlüpft Buffon in Adams Haut und schildert dessen Sensationen:

»Ich erinnere mich dieses Augenblicks voller Freude und Wirrsal, als ich zum ersten Mal mein wundersames Dasein empfand. Ich wußte nicht, was ich war, wo ich war, woher ich kam. Ich öffnete die Augen: was für ein Überfluß an

Empfindung! Das Licht, das Himmelsgewölbe, das Grün der Erde, der Kristall der Gewässer, alles beschäftigte mich, belebte mich und erfüllte mich mit unaussprechlicher Freude. Ich glaubte zunächst, daß all diese Dinge in mir seien und ein Teil von mir selbst.«

Allein, dieser schöne Gedanke stellt sich als Trug heraus. Als er in die Sonne blickt, muß er unwillkürlich die Augen schließen und fühlt sich beinahe vernichtet. Da vernimmt er Töne, den Gesang der Vögel, ein zartes Konzert, das ihn bis ins Innerste seiner Seele bewegt.

»Ich lauschte lange und war bald davon überzeugt, daß ich diese Harmonie war.«

Als er die Augen wieder öffnet, wird er erneut und noch stärker als beim ersten Mal von der Freude über die Fülle der Schöpfung hingerissen, die er wiederum als einen Teil seiner selbst ansieht. Ein laues Lüftchen trägt ihm Düfte zu, die ihn noch zusätzlich berauschen. Von Liebe zu sich selbst entbrannt, fühlt er sich plötzlich von einer unbekannten Kraft bewegt.

»Ich machte nur einen Schritt, das Neue meiner Situation ließ mich erstarren, ich war äußerst bestürzt, glaubte, mein Dasein verflüchtige sich, durch meine Bewegung waren alle Dinge durcheinander geraten, ich bildete mir ein, alles sei in Unordnung.«

In seiner Wirrsal betastet er seinen Kopf, seine Stirn, seine Augen und gewinnt durch seine Hand, indem er seinen ganzen Leib erkundet, die Gewißheit seiner Existenz und die Erkenntnis ihrer Grenzen. Allmählich geht ihm auf, was Aug und Ohr ihm vorgegaukelt haben, und er beschließt, sich nur noch auf den Tastsinn zu verlassen. Erhobenen Hauptes, den Blick zum Himmel gewandt, stolziert er einher. Da streift er eine Palme. Von Entsetzen gepackt, fährt er mit der Hand über diesen fremden Körper und begreift zum ersten Mal, daß es außerhalb von ihm etwas Wirkliches gibt. Er wendet sich mit Grausen ab und sinnt darüber nach, wie dieser Tatsache zu begegnen sei. Als Lösung bietet sich ihm an, alles Gesehene wie seinen Leib tastend zu ergründen. Die Verknüpfung der Eindrücke des Auges mit dem Tastsinn stellt sich als eine mühsame Aufgabe heraus. Erschöpft läßt er sich im Schatten eines Baumes nieder, in dessen Zweigen Trauben roter Früchte hängen, die sich wie reife Feigen lösen, sobald er sie berührt. Sie verströmen einen so köstlichen Geruch, daß er eine Frucht kostet.

»Welche Saftigkeit! Welch neue Sensation! Bisher hatte ich nur Freuden empfunden, der Geschmack vermittelte mir das Gefühl der Wollust.«

Die Innigkeit der Lust treibt die Habgier hervor. In seiner Wonne wähnt er sich in die Substanz der Frucht verwandelt und verschlingt die saftigen Beeren, bis er übersättigt auf dem Rasen niedersinkt und einschläft.

»Alles war erloschen, alles verschwunden, der Lauf meiner Gedanken war unterbrochen, ich verlor das Gefühl meiner Existenz. Der Schlummer war tief, aber ich weiß nicht, ob er lange währte, da ich noch keine Vorstellung von der Zeit hatte und sie nicht messen konnte. Mein Erwachen war eine zweite Geburt, und ich fühlte nur, daß ich aufgehört hatte zu sein.«

Die Ahnung einer Angst beschleicht ihn, und er fühlt, daß er nicht immer existieren wird. Beunruhigt von dem Gedanken, er könne im Schlaf Teile seines Körpers verloren haben, läßt er seine Blicke über die Grenzen seines Leibes schweifen. Er findet alles, wo es hingehört, aber wie groß ist seine Verwunderung, als er neben sich eine der seinen ähnliche Gestalt wahrnimmt! Nun meint er, er habe sich verdoppelt.

»Ich fuhr mit der Hand über dieses neue Sein – welche Ergriffenheit! Das war nicht ich, das war mehr als ich, das war besser als ich, ich glaubte, meine Existenz würde versetzt und ganz in die zweite Hälfte meiner selbst übergehen.

Ich fühlte, wie sie sich unter meiner Hand belebte, ich sah sie in meinen Augen Gedanken fassen, und ihre Augen riefen in meinen Adern einen neuen Lebensquell hervor. Ich hätte ihr mein ganzes Sein schenken wollen. Dieser lebhafte Wunsch vollendete meine Existenz, ich fühlte die Entstehung eines sechsten Sinnes.

In diesem Augenblick löschte das Tagesgestirn am Ende seines Laufes seine Fackel. Ich bemerkte kaum, daß ich den Gesichtssinn verlor, ich war zu lebendig, um zu fürchten, ich könnte aufhören zu sein. Vergeblich erinnerte mich die Dunkelheit, in der ich mich befand, an die Gedanken meines ersten Schlafes.«

D'ARCY WENTWORTH THOMPSON
GELEHRTER, SAMMLER, MORPHOLOGE

Drei selten vereinte Feen standen am 2. Mai 1860 in Edinburgh an der Wiege von D'Arcy Wentworth Thompson. Die erste überbrachte von der mütterlichen Seite die naturwissenschaftlichen Gaben; die zweite übertrug von der väterlichen Seite die Liebe zur Antike und zur Gelehrsamkeit; die dritte war eine Tochter des Zeus und der Mnemosyne und schenkte ihm mit den dichterischen Gaben den Schönheits- und den Eigensinn. Sieben Tage später erschien Atropos, die unabwendbare der Moiren, das Übermaß der Gaben durch einen Mangel auszugleichen. Die junge Mutter starb am Kindbettfieber, und D'Arcy wuchs in der Obhut ihrer Schwester bei den Großeltern in einer kosmopolitischen Familie berühmter Tiermediziner auf.

»Es braucht Zeit, einen Elefanten oder einen Poeten zu formen«, pflegte D'Arcy Thompsons Vater gern zu sagen. Der Altphilologe und leidenschaftliche Pädagoge war schon lange tot, als das Meisterwerk seines Sohnes im Sommer 1917 in Cambridge erschien.[1] *On Growth and Form* ist in drei Jahrzehnten gewachsen, in denen D'Arcy Thompson, von der Universität in Dundee zeitweilig freigestellt, mehrere Forschungsreisen in ferne Weltgegenden unternommen hat. Im Jahr der Veröffentlichung seines Buches wurde er auf den Lehrstuhl für Naturgeschichte an der Universität in St. Andrews berufen. »Wenn ein Mensch Sinn für die Kultur hat, in welchem Grad und in welcher Form auch immer, wird er in seinem eigenen Beruf, selbst wenn es ein technischer ist, etliches davon finden«,[2] versicherte er immer wieder seinen Studenten. Einer von ihnen hielt die Erinnerung an seinen Unterricht fest:

»Man lernte nicht Zoologie, man wurde gebildet. Man lernte einige geflügelte Worte auf lateinisch und würdigte die unermessliche Schönheit, die stoffliche wie die ästhetische, der winzigen Foraminifera, deren zierliche kreidige Schalen einen großen Teil unserer Meeresgründe bilden. Man erfuhr von Aristoteles' Ansichten über den Seeigel und daß die Geschichte der Palolowürmer[3], die sich regelmäßig in den warmen Meeren vor Samoa versammeln, ein wahres Märchen war und nicht nur ein nützlicher Beleg für die Wandergewohnheiten niederer Tiere. Sogar anatomische Unterschiede hatten ihre Schönheit; der vierte Zahn des Krokodils, der in eine Kerbe im Oberkiefer paßt und nicht in eine Grube wie beim Alligator, war ein Faktum, das es nicht bloß zu erlernen galt, sondern eines, das erhebt. Man fühlte, daß Gott ein Schöpfer war und das Erstaunen kein Ende nahm. Man erkannte die Schönheit des ganzen Tierreiches und war nicht darauf beschränkt, winzige Details über einzelne Tiere zu erlernen.«[4]

Die fünfhundert Exemplare der ersten Auflage von *On Growth and Form* waren 1922 vergriffen. Cambridge University Press wollte nachdrucken. Weil der Essay in ihm weitergewachsen war, mochte D'Arcy Thompson einer Neuauflage aber nicht zustimmen. Bis zum Druck der veränderten und erweiterten Ausgabe sollten noch einmal zwei Jahrzehnte vergehen. Indessen war wieder Krieg. Als deutsche Flieger eines Nachts in Schottland ihre Bomben über St. Andrews abwarfen, wurde das Ehepaar Thompson von der Druckwelle, in der die Fenster ihres Hauses zersprangen, zu Boden geworfen. Nachbarn, die am nächsten Tag vorbeikamen, um ihrem Mitgefühl Ausdruck zu verleihen, durften sich statt dessen eine wissenschaftliche Erklärung des besonderen Musters im zersprungenen Glas anhören.

In den letzten Jahren seines langen Lebens wurde der 1937 zum Ritter geschlagene Sir D'Arcy Thompson mit Auszeichnungen und Ehrungen überhäuft. Die beglückendste wurde dem 85jährigen in Gestalt der Festschrift *Essays on Growth and Form* von Biologen überreicht, deren Arbeiten durch seinen mathematischen Zugang zur Biologie beeinflußt worden waren.[5] Eine beeindruckende Liste aller Veröffentlichungen von D'Arcy Wentworth Thompson bildet den Anhang der Festschrift. Über zweihundertsiebzig Titel von 1879 bis 1945. Die Inauguralvorlesung in Dundee von 1884 über das Chamäleon und seine Affinitäten mit den Dinosauriern, Studien im dortigen Zoologischen Museum, das er gegründet hatte, Berichte über seine Pelzrobben-Missionen im Bering-Meer, Untersuchungen im Auftrag der schottischen Fischereibehörde und des *Conseil International pour l'Exploration de la Mer*, Übersetzungen aus dem Altgriechischen und aus dem Deutschen[6], die Glossare griechischer Vögel und Fische in der Antike und dazwischen das Kaleidoskop der Parerga, Spiegel der Vielfalt und Einheit seines geistigen Universums:

»Das Emblem der Krabbe im Verhältnis zum Zeichen des Krebses«, »Die Vögel des Diomedes«, »Der Maulwurf in der Antike«, »Die Temperatur der Nordsee«, »Das Alter eines Herings«, »Die Lebensgeschichte des Aals«, »Die Kunst der Eskimos«, »Die Geburt der Ozeanographie«, »Vogelbilder aus Shetland«, »Die Schule des Pythagoras«, »Griechische Mathematik«, »Ägyptische Mathematik«, »Die Multiplikation großer Zahlen«, »Platos Nuptialzahl«, »Übermaß und Mangel: oder das Bißchen Mehr und das Bißchen Weniger«, »Galilei und das Prinzip der Ähnlichkeit«, »Wie die Griechen das Zebra nannten«, »Das Wort ›Scientist‹ oder sein Substitut«, »Die griechischen Winde«, »Wolken«, »Plinius und das Purpurhuhn«, »Plinius' Wassermühle«, »Das Blindekuhspiel im *Phaidon*«, »Spiele und Spielzeug«, »Drogen und Drogenhandel im Altertum«, »Poesie und Medizin«, »Die Natur und die Poeten«, »Sonnenschein und Flöhe«, »In Schottland gestrandete Wale«, »Sonntagmorgen. (Ein Besuch im Findelhaus)«, »Die Erfindung der Wandtafel«[7], »Der Phönix«, »Schwalben im Haus«, »Die Welt unter der See«, »Wie man Tintenfisch fängt«, »Über einige seltenere Fische auf dem Markt in Aberdeen«, »›Erzengel‹ als Vogelname bei Chaucer«, »S. T. Coleridge und die Unsterblichkeit der Protozoa«.

In »Alte Bücher und Neue Stücke«, einer seiner letzten Schriften, schildert der leidenschaftliche Sammler die Abenteuer seiner Bücherjagd. Seine Sammlung von Naturalia kam dem Zoologischen Museum in Dundee und dem Naturhistorischen in St. Andrews zugute. Außerdem war er ein Sammler von Artificialia, seien es Gemälde, Kupferstiche, Stickereien, Chinoiserien, Einlegearbeiten oder Curiosa der Eskimos. »Five-shilling-wall« nannte er die eine bücherfreie Wand in seinem Haus, die über und über mit Bildern und Stichen geschmückt war, die der eifrige Besucher von Auktionen preisgünstig ersteigert hatte. »Das eine oder andere zu sammeln, Briefmarken, Münzen oder Schmetterlinge«, schreibt er in »Spiele und Spielzeug« 1933, »ist ein universeller Zeitvertreib und bedarf keiner Erklärung oder Entschuldigung, außer der Befriedigung, die es gewährt.« Auf eine andere Weise spiele man das Spiel, indem man *Information*[8] sammle, Fakten anhäufe, die von den eigenen Pflichten und Beschäftigungen etwas entfernt sein müssten. Ein alter Gelehrter habe ihm dieses leichte und fesselnde Spiel vor über fünfzig Jahren beigebracht, und er sei niemals müde geworden, es zu spielen. Seine Empfehlung des Spieles gewährt uns einen Blick in die Wochenstube seiner Werke:

»Du wählst das eine oder andere Thema, das deine Phantasie beschäftigt, kaufst ein Notizbuch, etikettierst und beschriftest es mit dem Titel deines Themas und läßt nicht nach, alles, was irgend dein Thema betrifft, darin zu notieren, wie es dir gerade über den Weg läuft, bei allen Überlegungen, allem Gelesenen, allem Beobachteten. Ich hatte viele solcher Notizbücher, und bald wurde ich manche leid, aber andere währten lange und leisteten mir gute Dienste ... Mit der Zeit breitet sich dein Thema wundervoll aus, es lockt dich in Nebenstraßen, es trägt dich in die Ferne; wenn du das Spiel richtig spielst, geht es nie zu Ende. Es gewinnt beständig an Interesse, denn Dinge sind nur insofern interessant, als sie sich mit anderen Dingen verbinden; nur dann kannst du zwei und zwei zusammenstellen und sehen, wie sie vier ergeben oder sogar fünf, und hören, was für Geschichten sie voneinander erzählen. Solcherart ist die Wissenschaft selbst, und so ist alle Kenntnis, die die Menschen interessiert.«[9] Solcherart ist alle Kunst, möchte man hinzufügen. Wie sie sich in großen Zeiträumen entfalten kann, wenn Geistes- und Naturgeschichte sich durchdringen, haben wir in *On Growth and Form* vor Augen.

ANMERKUNGEN

1 D'Arcy Wentworth Thompson der Ältere 1829–1901.
2 Zit. bei Ruth D'Arcy Thompson, *D'Arcy Wentworth Thompson. The Scholar-Naturalist 1860–1948*, Oxford University Press 1948, S. 166.
3 *Eunice viridis*, ein Ringelwurm, der auf Samoa roh oder gegart verspeist wird.

4 Zit. bei Ruth D'Arcy Thompson, a. a. O., S. 167.
5 *Essays on Growth and Form presented to D'Arcy Wentworth Thompson*, edited by W. E. Le Gross Clark & P. B. Medawar, Oxford 1945.
6 Hermann Müller, *The Fertilisation of Flowers*, translated & edited by D'Arcy Wentworth Thompson, with a preface by Charles Darwin, Boston 1883.
7 Dieser Titel kommt in der Festschriftliste nicht vor. Zit. bei Ruth D'Arcy Thompson, a. a. O., S. 187.
8 Kursivsetzung von D'Arcy Thompson.
9 Zit. nach Ruth D'Arcy Thompson, a. a. O., S. 174 f.

FINDELVÖGEL

Meine Arbeit am Vogelbuch war beendet. Es war Anfang Juli, ein sonniger Tag ging zur Neige, als es bei mir klingelte. Vom Atelierfenster aus sah ich unten auf der Treppe vor der Haustür zwei kleine Mädchen aus dem Dorf, die eine mit einem Plastikbecher in der Hand. Ich ahnte, um welches Problem es sich handelte, obwohl man mir dergleichen sonst in Schuhschachteln übergab. Seit dreiundzwanzig Jahren verbrachte ich Frühjahr, Sommer und Herbst in diesem Achtzigseelendorf im Norden von Dijon. Es hatte sich in der kleinen Gemeinde schnell herumgesprochen, daß ich eine Vogelliebhaberin bin und keine Mühe scheue, verunglückte, verlassene, hungerleidende Nestlinge aufzupäppeln. Zwei kleine Kohlmeisten waren dort meine ersten Pfleglinge. In meinem kärglich mit einem Registraturschrank und einem verglasten Bücherregal möblierten Büro machten sie ihre ersten Flugversuche. Eine Lampe mit einem Milchglasschirm hing an einer langen, durch einen Porzellanzug regulierbaren elektrischen Leitung von der Decke herab. Der flache Boden des Lampenschirms diente den Meisen als schwankender Landeplatz bei ihren Flugmanövern. Um sie dort zu füttern, mußte ich auf einen Stuhl steigen. Auf dem niedrigeren Registraturschrank wären sie leichter zu erreichen gewesen, aber auf dem schrägen Deckel eines waagerecht darauf abgelegten Leitzordners rutschten sie jedesmal unfreiwillig in den Flug zurück, landeten am Rand des hohlen Ordnerrückens, spazierten geschickt innen an der Hebelvorrichtung vorbei den »Korridor« entlang, steckten neugierig den Kopf durch das »Bullauge« und blickten auf das weiße Meer aus Meisenschiß hinab, das sich im Laufe der Zeit auf dem mit Zeitungen ausgelegten Fußboden angesammelt hatte. Sobald sie meine Schritte im Flur hörten – anderer Leute Schritte nahmen sie nicht zur Kenntnis –, stimmten sie ihr Bettellied an. Kaum öffnete ich die Tür, schon kamen sie auf meine Schulter geflogen und schmetterten mir ihr forderndes »tuituituii« ins Ohr. Nach der Atzung machten sie es sich am liebsten auf meinem Kopf bequem, indem sie meine Haare zu einem flauschigen Nest zurechtzupften. Als sie soweit flügge waren, daß ich sie hinauslassen konnte, mußten sie, wie bei Kohlmeisen Brauch, im Geäst weiter geatzt werden. Sie blieben den Sträuchern und Bäumen rund um mein Haus treu, aber ihr Bettellied sangen sie nun am liebsten hoch oben. Erst wenn der Hunger groß genug war, ließen sie sich herbei, einen Zweig in der Nähe des ausgestreckten Armes ihrer auf einer Leiter stehenden Ziehmutter zum

Sitzplatz zu wählen. Sehr ärgerlich war es, wenn dann der sich windende Mehlwurm kurz vor dem Schnabel aus der Pinzette fiel, und äußerst ekelhaft, wenn er in meinem Ärmel landete. Aber schließlich war auch diese mühselige Phase der Meisenaufzucht glücklich beendet, und ich sagte mir: Nie wieder Meisen!

Aber man kann sich seine Vögel so wenig aussuchen wie seine Eltern. Der nächste Findelvogel war eine Blaumeise, ein ungemein zierliches und hübsches Geschöpf mit blaßblauer Kappe, azurblauen Beinen und Füßen. Man brachte mir das Vögelchen, weil es verwaist auf der Dorfstraße herumgeflattert war und es nur eine Frage der Zeit gewesen wäre, bis eine Katze mit dem Leckerbissen ihr Spiel getrieben hätte. War es ein zu früh aus der Bruthöhle geflogener Nestling, oder waren seine Geschwister schon auf und davon, während das Jüngste zurückblieb, weil es noch nicht flugtüchtig war? Ich ließ mir von den Überbringern der Meise die Bruthöhle in der Mauerritze einer Hauswand zeigen, in die die Alten noch am Vortag aus und eingeflogen waren. In Anbetracht meiner MeisenErfahrung wäre ich den Vogel gerne wieder losgeworden. Also nahm ich den sich heftig sträubenden Nestling aus der Schuhschachtel und schob ihn in die Bruthöhle zurück, in der unsinnigen Hoffnung, daß die Alten ihren Nesthocker wieder füttern kommen, und hatte mich kaum umgedreht, als er mir schon auf der Schulter saß. Dort blieb er sitzen, bis »wir« zu Hause waren. Bis dahin reichte seine Zutraulichkeit und war damit erschöpft.

Je jünger ein Nestling, desto problemloser ist die Fütterung. Was zu ihm hingeflogen kommt, ob Vogel oder Hand, löst den Reflex des »Sperrens« aus, wie man das Aufreißen des Gierschlundes nennt. Ein fast flügger Vogel läßt sich in Menschenhand selten darauf ein. Man muß ihm den Schnabel gewaltsam mit dem Fingernagel öffnen, um ihm dann schnell mit der Pinzette das Futter in den Rachen zu stopfen. Dazu bedarf es einiger Kunstfertigkeit, denn der Fingernagel, mit dem man den Schnabel seitlich auseinanderschiebt, gehört zu der Hand, die zugleich das Vögelchen festhalten muß. Sobald man lockerläßt, macht es sich davon.

Man kann es fühlen, wenn man so einen Winzling in der Hand hält, wie wild sein kleines Herz pocht, und kann sich vorstellen, wie schrecklich es sein muß, von einer Riesin umklammert und zwangsernährt zu werden. Wilde Schnabelhiebe bewirken nur eine noch festere Umschlammerung. Hungrig wie man ist, würde man Mehlwürmer, Spinnen, Mücken, Räupchen und vor allem die köstlichen Ameisenpuppen gern verschlingen, aber im Schraubstock vergeht einem jeglicher Appetit. Mehrmals ist man der Riesin entkommen und hat sich, weil man noch nicht hochfliegen kann, unter einem Möbel verkrochen, wo man vom Feind mit einem Stock wieder hervorgezogen wurde. Endlich hat man sich in einer Höhle hinter dem eingebauten Küchenherd versteckt, in die kein Stock vordringen kann. Während man dort hockt, sitzt die Riesin erbsenpuhlend am Küchentisch und hofft, man würde sich früher oder später blicken und wieder einfangen lassen. Aber da täuschte sie sich.

Zwei Männer schoben am Abend den schweren Herd von der Wand, so daß ich die ganz in Spinnweben gehüllte Blaumeise aus ihrem trostlosen Winkel angeln konnte. Ich hielt sie in einem großen, mit Zweigen besteckten Käfig. Wenn ich sie zum Füttern herausholen wollte, klammerte sie sich mit aller Kraft am Gitter fest. Dann mußte ich ihr, während ich sie mit der einen Hand festhielt, mit der anderen Zehlein für Zehlein vom Gitter lösen. Im Badezimmer, wo es keine »Höhlen« gab, ließ ich sie das Fliegen üben. Als sie endlich soweit war, das in den Käfig gestellte Futter selbst aufzupicken, ließ ich sie frei. Ich sah sie noch eine Weile, wie sie mal kopfunter im Gezweig hing, mal aufgeplustert in der Sonne saß, und abermals sagte ich mir: Nie wieder Meisen!

Der zutraulichste aller meiner Findelvögel war eine Schleiereule. Als ich vor sechsundzwanzig Jahren mein Haus bezog, nisteten die Schleiereulen in dem Taubenschlag eines Nebengebäudes. Bei Einbruch der Nacht konnte man die jungen Eulen in ihrem flauschigen Dunenanzug auf dem steinernen Vorsprung der Einflugluke sehen, wie sie in Erwartung der Atzung durch den Eulerich wie autistische Kinder mit ihrem Körper hin- und herpendelten. Das Bettellied, eine Mischung aus Schnarch- und Fauchlauten, das sie gemeinsam anstimmten, sobald der Mäusejäger mit der Beute lautlos niederschwebte, war weithin vernehmbar. Die Wiesen müssen damals noch nicht so überdüngt und verdichtet gewesen sein wie heute, so daß sie für Mäuse noch bewohnbar waren und es den Eulen nicht an Nahrung mangelte. Jedenfalls gab es große Gelege mit etwa einem Dutzend

Nestlingen. Wenn sie flügge waren und mit den Alten in den Linden vor dem Haus hockten, konnte man meinen, sie seien so zahlreich wie die Blätter an den Bäumen. Leider erwies sich der Taubenschlag als nicht mardersicher. Nachdem bei einem Gelege die Eier ausgeschlürft worden waren, beim zweiten der Marder die Jungen fraß, mieden die Schleiereulen den Ort. Deshalb ließ ich an anderer Stelle zwei Schleiereulen-Nistkästen anbringen, die von den Vögeln auch angenommen wurden.

Meine erste »persönliche« Begegnung mit einer Schleiereule fand in der Zeit statt, als ich an meinem Bild *Schleiereule, auf dem Dachboden aufgeschreckt* malte. Mitten in der Nacht riß mich Getöse im Haus aus dem Schlaf. Als ich im Flur das Licht anmachte, sah ich am geschlossenen Fenster am anderen Ende des langen Korridors eine Schleiereule sitzen. Es muß eine noch unerfahrene Eule gewesen sein, die das geöffnete kleine Fenster im Badezimmer nicht wiederfand, durch das sie ins Haus gedrungen war. Auf der Suche nach einem Ausweg war sie gegen Fenster und Spiegel geprallt, was am nächsten Morgen an Staubspuren der Puderdunen abzulesen war. Vielleicht war sie davon noch etwas benommen, jedenfalls flog sie nicht auf, als ich mich ihr vorsichtig näherte. Schleiereulen haben scharfe Krallen und Schnäbel. Wie man sie packt, damit sie ihre Waffen nicht einsetzen können, wußte ich damals noch nicht. Ich nahm sie mit beiden Händen wie ein Huhn, umfaßte sie mit einem Arm, um das Fenster zu öffnen, und ließ sie in die Nacht hinausgleiten.

Einige Monate später wurde ich gefragt, ob ich mich einer jungen Schleiereule annehmen könne, die im Schloß eines Nachbarortes in einen Kamin gestürzt war. Ich malte noch immer, einen staubigen alten Schleiereulen-Balg vor Augen, an meinem kleinen Ölgemälde. Da kam es mir wie gerufen, eine Eule nach dem Leben malen zu können. Mäuse konnte ich der seit dem nächtlichen Sturz darbenden Eule nicht beschaffen, aber Wachteln sind in Frankreich im Supermarkt billig im Dutzend zu haben. Die Schleiereule saß noch immer im Kamin, als ich am Nachmittag zu ihr kam, um sie zu füttern und dann mitzunehmen. Sie mochte etwa sechs Wochen alt sein, denn sie trug schon das schöne Kleid aus rotblonden und grauen Federn, die mit Strähnen kleiner schwarz-weißer Augen verziert sind, nur hier und da war noch ein Büschel flauschiger Dunen ihres Nestlingskleides übriggeblieben. Die Begegnung mit einem Menschen stellt für jede Eule eine Bedrohung dar. Ich wußte, daß junge Schleiereulen, die noch nicht fliegen können, sich auf den Rücken legen und totstellen, wenn sie sich bedroht fühlen. Ihrem Alter nach hätte diese Eule eigentlich schon flügge sein müssen, aber sie rührte sich nicht vom Fleck und stellte sich auch nicht tot, sie hielt nur beharrlich die Augen geschlossen. Selbst als ich mich zu ihr niederkniete und ihr ein Stückchen Wachtel an den Schnabel hielt, öffnete sie weder diesen noch ihre Augen. Eulen scheuen eben das Licht, sagte ich mir und legte ihr das Fleisch vor die Füße. Da bückte sie sich, nahm mit geschlossenen Augen das Fleisch auf und verschlang es. Ohne Scheu ließ sie zu, daß ich ihr Schleiergesicht kraulte. Nachdem sie ein weiteres Wachtelhäppchen blindlings vom Boden aufgenommen und verzehrt hatte, hob ich sie in den mitgebrachten Karton und fuhr mit ihr nach Hause. Schleiereulen gehören zu den hellhörigsten Wesen der Vogelwelt, die sogar das Geräusch vernehmen können, das die Mäuse beim Kauen von sich geben. Diese Eule hingegen wollte weder sehen noch hören und reagierte auf keinerlei Geräusch. Irgendetwas stimmte nicht mit ihr. Je länger ich darüber nachdachte, desto unheimlicher wurde es mir. Ein Freund hielt die Eule, die alles willenlos mit sich geschehen ließ, als ich in ihrem zarten Schleiergefieder nach ihren Augen suchte. Es dauerte einige Schrecksekunden, bis ich faßte, was ich sah: Zwei makellos glatte leere Augenhöhlen. Dem Tierarzt, der sie einschläferte, hat die sanftmütigste aller Schleiereulen dann doch einen Hieb mit dem Schnabel verpaßt.

Im Laufe der Jahre gab es immer weniger Schleiereulen. Da die unter ihrem üppigen Gefieder überaus schlanken Vögel keine Fettreserven bilden können und es im überdüngten Land zu wenig Mäuse gibt, haben sie es schwer, Sterbewinter durch eine Vielzahl von Bruten auszugleichen. Seit Jahren kommen Eulenschützer, um die Gelege in meinen Nistkästen zu kontrollieren. Während sie die jungen Eulen wiegen, vermessen und beringen, halte ich die Eulenmutter an den Beinen fest. Bislang hat noch keine versucht, mich mit dem Schnabel zu verletzen. Sehr drollig sehen die Jungeulen in ihrem weißen Dunenkleid aus, wenn sie auf dem Rücken im Gras liegen und sich totstellen. Seit dem schneereichen Winter vor zwei Jahren sind die schrillen Schreie eines Schleiereulerichs nur noch selten zu hören und das halb geschnarchte, halb gefauchte Bettellied von Jungen überhaupt nicht mehr. Seither kommen die Eulenschützer vergeblich, und nicht nur meine Nistkästen bleiben leer.

Auch Mehl- und Rauchschwalben kommen nicht mehr in so hellen Scharen wie früher, seit es im Ort nur noch vier Bauern mit Kuhställen gibt, wo diese Vögel mit Vorliebe ihre Nester bauen. Die meisten Schwalben nisten nun in meinen Nebengebäuden. Manchmal okkupieren Spatzen Mehlschwalbennester, nachdem sie die Eingänge vergrößert und die Schwalbenbrut hinausgeworfen haben. Mitunter stürzt auch ein Nest mit Jungen ab, weil es nicht richtig haftete. Dann freuen sich die Katzen, die überall im Dorf herumschnüren. Eine kleine Mehlschwalbe entkam diesem Schicksal, weil ich sie als einzige des Geleges vor den Räubern retten konnte. Sie trug schon den blauschwarzen Frack, beherrschte aber das Fliegen noch nicht. Über den Schwanz-Frackschößen der Mehlschwalben schaut vom Bürzel bis zur »Jacke« ein kreideweißes »Hemd« hervor. Wenn sich die Vögel aufplustern, sieht es von der Seite aus, als trügen sie einen Rucksack. Besonders anrührend nehmen sich die winzigen rosa Füße aus, die bis zu den Krallen dicht mit weißen Federchen geschmückt sind. Da »meine« Mehlschwalbe noch nicht wegfliegen konnte, mußte ich sie beim Füttern nicht umklammern und so war das Sperren kein Problem. Nach der Atzung lief sie an meinem Ärmel hoch und schmiegte sich in meinem Nacken unter meine Haare. Wenn ich so in einer alten Strickjacke, die ruhig bekleckert werden durfte, mit ihr herumspazierte, rührte sie sich nicht vom Fleck. Alle zwanzig Minuten stimmte sie ihr Bettellied an und wurde mit Ameisenpuppen gefüttert. Das ging so vier Tage lang. Dann entschloß ich mich, mein Schwälbchen in eines der Nester zu setzen, in dem etwa gleichgroße Junge hockten. Es sah so aus, als hätten die Alten den Wechselbalg angenommen, aber Gewißheit konnte ich darüber auch durch einen Blick von der Leiter aus ins Dunkel der Höhle nicht erlangen.

Die beiden blinden rosa Würmchen, die mir in einem Plastikbecher gebracht wurden, waren Rauchschwalben. Sie waren vielleicht einen Tag alt und kaum so groß wie mein Daumen. So junge Vögel hatte ich noch nicht aufgezogen. Eine Ornithologin wußte Rat. Eine zum Nest gedrehte Wollstrumpfhose in einem Schuhkarton, der auf einem Heizkissen stand, war die erste Bleibe der Däumlinge. Ein nasser Schwamm auf einem Dosendeckel neben dem Nest mußte für die notwendige Luftfeuchtigkeit sorgen. Die Nahrung, mit einem beinernen Miniaturlöffel in den Rachen gestopft, war folgendermaßen komponiert: tiefgefrorenes Rinderherz, auf der Parmesanreibe gerieben, gekochter Magerquark, in einer Windel trockengepreßt, Ameisenpuppen, eine Prise im Mörser zerstoßene Schneckenschale, ein Tropfen Vitamine und das Ganze mit Spucke zu einem Brei verrührt. Schwalben füttern ihre Jungen alle zwei Minuten, mit Hand aufgezogene wollen wenigstens alle 20 Minuten geatzt werden. Mit kaum hörbarem Gewisper taten die

Winzlinge anfangs ihren Hunger kund und sperrten mit schwankendem Kopf auf dem dünnen Hals. Der in ein Häutchen gehüllte weiße Kotballen war leicht mit einem Papiertuch abzunehmen, von den Schwalbeneltern wird er verschluckt. Die Zubereitung der Nahrung und die Fütterung von Sonnenaufgang bis zur Dämmerung ließ mir kaum Zeit zur Besinnung. Erst nach Tagen nahm ich die Aufschrift der Schuhfirma auf dem Nestkarton wahr: »Great little Company«. Indessen war der etwas größeren wie der kleineren Schwalbe vom Scheitel bis zum Bürzel eine irokesenartige Federhülsenflur aus der Haut getreten. Der dürftige Flaum des ersten Dunenkleides wurde von den sprießenden Federhülsen hochgeschoben und haftete noch eine Weile daran. Wie ein kecker Hutschmuck mutete so eine Dunenfeder seitlich am schwarzbraunen, leicht gewellten Kopfgefieder der kleinen Schwalbe an. Nach dem Aufspringen der Hülsen putzten sich die Nestlinge ausgiebig das Gefieder, um Feder für Feder die Hülsenreste abzustreifen. Sehr drollig nahm sich das Putzen des Kopfes aus, wobei sie einen Flügel abstellten und sich hinter diesem durch nach vorn mit dem Fuß den drehenden Kopf kratzten. Anschließend lagen sie völlig erschöpft und wie geplättet im Nest. Am zwölften Tag setzte ich sie in ein improvisiertes Schwalbennest auf einer Klappleiter. Sie bettelten sich jetzt gegenseitig an und nahmen den Kopf des Angebettelten in den Schlund. Zur Entleerung watschelten sie rückwärts zum Nestrand, indem sie übereinander hinwegstiegen, und legten mit wackelndem Hinterteil den Kot ab. Auch erste Schwirrflügel-Übungen fanden am Nestrand statt, mit aufgefächertem Schwanz, wodurch die schönen weißen Ovale auf den Innenfahnen sichtbar wurden.

Die größere Schwalbe flog lehrbuchgemäß am 21. Tag aus dem Fenster und ward nicht mehr gesehen. Die kleinere fixierte mich lange vom Nestrand aus und flog mir dann auf die Schulter. Ich ging mit ihr ans offene Fenster. Draußen flogen Schwalben vorbei, aber sie wollte lieber noch von meinem Brei. Ihr Lieblingsplatz als flügge Schwalbe war ausgerechnet der Steg zwischen meinen Brillengläsern, so daß sie mir mit dem Bauch auf der Nase saß. Wenn ich sie mir dann auf die Schulter setzte, zwitscherte sie mir ihr Geschwälbel ins Ohr. Nach über drei Wochen als Schwalbenmutter war ich erschöpft. Am Morgen des 24. Tages stellte ich die Schwalbe in ihrem Nest auf einen Schrank im Nebengebäude. Im selben Raum gab es viele Nester, zu denen Rauchschwalben durch ein aufgeklapptes Fenster aus- und einflogen. Bald saß die verwaiste Schwalbe im Klappfenster, wenig später in einem Fenster einen Stock höher und schließlich, nach einer endlosen Weile, auf dem Dachfirst. Andere Schwalben setzten sich schwätzend neben sie und flogen wieder auf, während sie sich nicht von der Stelle rührte. Aber irgendwann, nach einer Ewigkeit des Wartens, gesellte sie sich zu ihresgleichen auf die Telegraphenleitung, wo sie für mich von den anderen jungen Rauchschwalben, die noch keine langen Schwanzspieße tragen, nicht mehr zu unterscheiden war. Im Glück, zwei Schwalben als Schwalbe erschienen zu sein, schlief ich in der folgenden Nacht zwölf Stunden.

Lebte ein Gott
Sein Zorn: Der Schwalbe schnellendes Pfeilen,
Sein Lächeln: Der Schwalbe innig weises Spiel,
Seine Liebe: Der Schwalbe trunkenes Sichverschenken.

Wann immer ich die im Abendrot kupfern glänzenden Schwalben hoch in den Lüften kreisen sehe, kommen mir diese Zeilen in den Sinn, die Ernst Toller im Gefängnis schrieb, als zwei Rauchschwalben in seiner Zelle brüteten.

DAS TIER

»Zweck sein selbst ist jegliches Tier.«
Goethe

»Le style est l'homme même.«[1] Keinem anderen Lebewesen kommt es in den Sinn, sich selbst in seinen Werken auszudrücken. Nicht dem Biber beim Bau der Burg, nicht der Spinne beim Weben des Netzes, nicht dem Pillendreher beim Töpfern der Brutbirne und nicht einmal dem Laubenvogel, wenn er den Balzplatz vor der hohen Laube, in die er das Weibchen locken wird, nach dem Glätten rundherum mit Blüten, Früchten, Federn, Steinen und Schneckenschalen schmückt. In unwandelbarer Honigbienenweise modelliert *Apis mellifera* seit unvordenklichen Zeiten aus dem körpereigenen Wachs, das in Gestalt kleiner dünner Schuppen aus den Ringen ihres Hinterleibes tritt, hexagonale Brut- und Vorratskammern. Die Bürsten, mit denen sie die Wachsschuppen zum Mund fegt, sitzen unterhalb von Pollenschieber und Pollenkamm an den Hinterbeinen. Mit ihrer Mundzange knetet die Biene die Schuppen zu Klümpchen, aus denen sie die Zelle formt. Auch ein Pendellot zur Orientierung beim Bauen ist ihr als Sinnesorgan mitgegeben.

Schwänzeltanz-Verständigung, Magnetfeld-Orientierung, Wahrnehmung des ultravioletten und des polarisierten Lichtes und innere Uhr der Bienen waren im Zeitalter der Aufklärung unbekannt.[2] Das größte Rätsel, das die Bienen den Forschern des 18. Jahrhunderts aufgaben, war in der wunderbaren Regelmäßigkeit ihrer Wachsarchitektur inkarniert. Wie bestimmten sie die geometrisch exakten Winkel am geschlossenen Ende der hexagonalen Zell-Prismen? Woher nahmen sie die Idee der *maxima* und *minima*, die in der optimalen Nutzung des Raumes und der sparsamen Verwendung von Wachs zum Ausdruck kam? Beherrschten sie etwa die Methoden von Leibniz und Newton?

»Es ist ein großes Wunder«, resümiert Fontenelle das Phänomen, »daß die Bestimmung der Winkel weit über den Bereich der gewöhnlichen Geometrie hinausgeht und zu den neuen Methoden gehört, die auf der Theorie des Unendlichen gründen. Aber schließlich wüßten die Bienen zuviel davon, und das Übermaß ihres Ruhmes ist dessen Ruin. Man muß es auf eine unendliche Intelligenz zurückführen, die sie blindlings gemäß ihren Anweisungen handeln läßt, ohne ihnen diese Erhellungen einzuräumen, die sich selbst zu steigern und zu stärken vermögen und die unserem Verstand zur Ehre gereichen.«[3]

Ganz anders Buffon: »Diese so viel gepriesenen, so viel bewunderten Bienenzellen liefern mir einen weiteren Beweis gegen die Schwärmerei und Anhimmelung.«[4] Ein großes

Wunder? Die hexagonalen Gebilde in der Natur sind das Ergebnis mechanischer Kräfte. Experimente mit Erbsen und zylindrischen Körnern hatten ihm gezeigt, daß diese unter wechselseitigem Druck zu Sechsecken werden. »Der zylindrische Körper der Bienen, die Zelle für Zelle soviel Raum wie möglich einzunehmen trachten, ihr Gedränge im Bau, bewirkt durch gegenseitigen Druck die hexagonale Form.«[5]

Weder mit dem Vermessen der Winkel noch mit dem Einsparen von Wachs nehmen es die Bienen so genau. Was will man von einer 37 × 22,5 Zentimeter großen Wabe aus 40 Gramm Wachs, deren Wände dünner als ¹/₁₀ Millimeter sind, mehr verlangen, als Stabilität bei der Aufnahme von zwei Kilo Honig? Das Streben nach Vollkommenheit ist aus dem Mangel geboren. Den Tieren ist es fremd. In ihrem Reich ist jede Art vollkommen in ihre Lebenssphäre eingepaßt.

Der Darwinismus glaubte, in der Reihe der Lebewesen von den Ur- bis zu den Wirbeltieren eine stufenweise ansteigende Vervollkommnung von der einfachsten Struktur zur Mannigfaltigkeit zu erkennen. »Nur vergaß man dabei das eine, daß die Vollkommenheit der Struktur gar nicht aus ihrer Mannigfaltigkeit erschlossen werden kann. Kein Mensch wird behaupten, daß ein Panzerschiff vollkommener sei als die modernen Ruderboote der internationalen Ruderklubs. Auch würde ein Panzerschiff bei einer Ruderregatta eine klägliche Rolle spielen. Ebenso würde ein Pferd die Rolle eines Regenwurms nur sehr unvollkommen ausfüllen.

Die Frage nach einem höheren oder geringeren Grad der Vollkommenheit bei den Lebewesen kann nur gestellt werden, wenn der Forscher die Welt, die ihn umgibt, für das Universum hält, das alle Lebewesen gleich ihm umschließt und an das sie, wie der Augenschein lehrt, mehr oder minder gut angepaßt sind.

Von diesem Standpunkt aus wird die menschliche Welt als die allein maßgebende betrachtet, und demzufolge erscheinen die Baupläne der niederen Tiere als minderwertig gegenüber den Bauplänen der höheren Tiere und namentlich des Menschen.

Das ist aber ein handgreiflicher Irrtum, denn der Bauplan eines jeden Lebewesens drückt sich nicht nur im Gefüge seines Körpers aus, sondern auch in den Beziehungen des Körpers zu der ihn umgebenden Welt. Der Bauplan schafft selbsttätig die Umwelt des Tieres.«[6]

Innen- und Außenwelt sind aufs genaueste ineinandergefügt, und so ist jede einzelne Tierart nicht mehr oder weniger an ihre Umwelt *angepaßt*, sondern gleich vollkommen in sie *eingepaßt*. Ob Amöbe oder Ameise, Bär oder Biene, Flunder oder Fledermaus, Zaunkönig oder Zebra, jegliche Art bildet den Mittelpunkt ihrer Umwelt und ist von Dingen umgeben, die ihr ausschließlich angehören. »Jedes Tier an einer anderen Stelle und in anderer Weise. Aus der unübersehbaren Mannigfaltigkeit der anorganischen Welt sucht sich jedes Tier gerade das aus, was zu ihm paßt, d. h. es schafft sich seine Bedürfnisse selbst entsprechend der eigenen Bauart.

Nur dem oberflächlichen Blick mag es erscheinen, als lebten alle Seetiere in einer allen gemeinsamen gleichartigen Welt. Das nähere Studium lehrt uns, daß jede dieser tausendfach verschiedenen Lebensformen eine ihm eigentümliche Umwelt besitzt, die sich mit dem Bauplan des Tieres wechselseitig bedingt.«[7]

Uexküll hat seine Erkenntnisse durch das Studium der anatomischen Struktur von Infusorien, Amöben, Medusen und Manteltieren, von Seeigel, Schlangenstern, Regenwurm, Blutegel, Pilgermuschel und Seehase gewonnen. Die vergleichende Verhaltensforschung hat ihr Lehrgebäude auf dem Fundament seiner Entdeckungen aufgebaut und seine Mahnung beherzigt, die menschliche Sicht nicht in die Welten der Tiere zu projizieren. Um so bedenkenloser wenden jetzt Ethologen die umgekehrte Methode an. Schlußfolgerungen aus den Welten von Affe, Graugans und Ameise werden blindlings auf die des Menschen übertragen. Uexkülls Warnung vor den »Taschenspielerkunststücken« des Darwinismus stieß auf taube Ohren. Die Verlockungen des Reduktionismus scheinen unwiderstehlich zu sein. Hat man endlich die Vielfalt der Kultur wie die Mannigfaltigkeit der Natur zu Selektionswerten reduziert, ist die Weltformel gefunden, mit der sich das Menschentier in alter Überheblichkeit über die Grenzen seines Geistes täuschen kann. Tauglichster Gen-Zähler ist es allemal und so beschreibt es seine Mitgeschöpfe als Gen-Banken:

»Organismen sind energieerwerbende Systeme, die von der Erwirtschaftung einer positiven Energiebilanz leben.

Ihre Organisation wurde von der Selektion erzwungen; dadurch unterscheiden sich Organismen ganz entscheidend von physikalischen Systemen. Die Konkurrenz erzwang vielfältige Anpassungen, die den Nahrungserwerb wie auch andere der prinzipiell stets gleichen Anpassungsfronten betreffen. So muß sich ein Organismus nicht nur auf eine Energiequelle einstellen, sondern auch auf Störfaktoren verschiedenster Art – seien es Feinde, klimatische Faktoren oder Konkurrenten. All dies bedingt sowohl beim Aufbau als auch beim Betrieb vergleichbare Konten.«[8]

Man kann sich keine Theorie vorstellen, die einer Zeit der Verherrlichung globaler ökonomischer Konkurrenzkämpfe besser angepaßt wäre als der durch die Genetik verfeinerte Darwinismus. Dieser Neodarwinismus gehorcht selbst der Ratio, die er der Natur unterstellt. Nicht von ungefähr heißen seine Götter Zufall und Notwendigkeit, und nicht umsonst faßt er das Leben der Organismen als Schule der Gewinnmaximierung auf.

Welten trennen diese Sicht der Natur von der eines Uexküll. Selbstverständlich setzte der Anatom voraus, daß die Vollkommenheit und Harmonie, von der die Merk- und Wirknetze der Natur zeugen, einer Ordnung angehören, die das menschliche Erkenntnisvermögen übersteigt. Die nichtstoffliche Ordnung des Lebens, die dem Stoff erst das Gefüge verleiht, nannte er nicht »unendliche Intelligenz« wie Fontenelle, oder »Entelechie«, wie Driesch, sondern *Planmäßigkeit*. Planmäßig geht im Tierreich aus der Innenwelt die Außenwelt hervor, und planmäßig sind die unzähligen in sich geschlossenen Tierwelten miteinander verbunden. »Wir können statt Planmäßigkeit ebensogut Funktionsmäßigkeit, Harmonie oder Weisheit sagen. Auf das Wort kommt es gar nicht an, sondern nur auf die Anerkennung der Existenz einer Naturkraft, die nach Regeln bindet. Ohne Anerkennung dieser Naturkraft bleibt die Biologie ein leerer Wahn.«[9]

In diesem Wahn hat die Biologie des 20. Jahrhunderts große Fortschritte gemacht. »Es gibt ganze Institute, deren Mitglieder das Leben nur im Zoo gesehen haben. Sie erziehen Jüngere, die es auch nicht mal vom Mikroskop her kennen.«[10] Das Tier? Eine molekulare Maschine. Indessen könnte kein noch so eifrig würfelnder Gott die hohe Aussterberate von Pflanzen und Tieren durch Artenbildung kompensieren. Ein Fünftel aller bekannten Vogelarten ist ausgestorben oder unmittelbar vom Aussterben bedroht. Will man den Angaben der *International Union for the Conservation of Nature and Natural Resources* Glauben schenken, dann hat der Mensch in den letzten fünfzig Jahren vielleicht schon 50 Prozent aller Tier- und Pflanzenarten ausgerottet.[11]

Das Menschentier verkennt in seiner Hybris, daß mit jeder auf immer verschwundenen Spezies eine ganze Welt untergegangen ist, die in der Kultur zu spiegeln ihm aufgegeben war.

In einigen natürlichen und künstlichen Refugien können sich unsere »älteren Brüder«[12] noch in schöner Planmäßigkeit entfalten, jede einzelne Art eine Krone der Schöpfung.

Pan satyrus etwa, der Schimpanse, versteht es, einen dünnen Zweig, von dem er die Blätter abgestreift hat, als Termitenangel zu benützen, indem er ihn geduldig in das aufgebrochene Loch eines Termitenhügels schiebt. Es fällt ihm gar nicht ein, sich sein Eßstäbchen durch Gestaltung anzueignen. In der Welt des *Pan* herrscht kein Mangel an Zweigen, und im Zweifelsfall tut es auch ein Halm. Noch hat kein Gen-Zähler versucht, einem Schimpansen beizubringen, wie er mit Hilfe der Fingernägel in die Rinde seines Eßstäbchens Zeichen ritzen könnte, die sich eines fernen Tages durch das Wirken des allmächtigen Zufalls als Monogramm herausschälen: P für *Pan* und s für *satyrus*.

ANMERKUNGEN

1 Mit diesem Satz hat sich Buffon bei seiner Antrittsrede in der Académie Française am 25.8.1753 unsterblich gemacht.
2 Zur sogenannten Sprache der Bienen und ihrem phantastischen Sinnesapparat siehe Karl von Frisch, *Aus dem Leben der Bienen*, Berlin 1927, 1993.
3 *Histoire de l'Académie Royale*, Paris 1739, S. 35.
4 Georges-Louis Leclerc de Buffon, *Histoire naturelle*, Paris 1753, Bd. IV, S. 99.
5 D'Arcy Wentworth Thompson, *Über Wachstum und Form*, Neudruck Frankfurt a. M. 1983, S. 142–155.
6 Jakob von Uexküll, *Umwelt und Innenwelt der Tiere*, Berlin 1921, S. 3 f.
7 Ebd.

8 Iremäus Eibl-Eibesfeldt, *Grundriß der vergleichenden Verhaltensforschung*, München 1967, 1987, S. 619.
9 Jakob von Uexküll, *Theoretische Biologie*, Berlin 1928, Neudruck Frankfurt a. M. 1973, S. 214.
10 Erwin Chargaff, *Über das Lebendige*, Stuttgart 1993, S. 42.
11 Vgl. Richard David Precht, *Noahs Erbe*, Hamburg 2000, S. 22.
12 Johann Gottfried Herder bezeichnete die Tiere als des Menschen ältere Brüder.

LAUDATIO ZUM SIGMUND-FREUD-PREIS FÜR WISSENSCHAFTLICHE PROSA AUF JOSEF H. REICHHOLF

Werte Festgemeinde! Niemand wundert sich, daß es in unserem Lande noch Wälder gibt, obwohl ihr Ende für das ausgehende zweite Jahrtausend angekündigt war. In den Augen unserer Nachbarn war le *Waldsterben* ein typischer Spleen der *doryphores*, der Kartoffelkäfer, wie uns mancher Eingeborene der *France profonde* immer noch nennt. Die Umwandlung des Weideviehs in Kannibalen hat dem Jesaja-Wort »Alles Fleisch ist wie Gras« einen teuflischen Sinn verliehen, aber auch das Entsetzen über die rasenden Rinder hat sich verbraucht. Der Klimawandel ist in aller Munde. Was es mit diesem, mit der Landschaftsverödung und dem Artensterben durch die moderne Landwirtschaft auf sich hat, lehren uns Werke, die wir der flinken Feder von Josef Helmut Reichholf verdanken.

Der grassierenden Menetekelei ist seine Einstellung allemal entgegengesetzt. *Sapere aude* ist seine Devise, und weil auch das Heillose in dieser Welt nichts Starres ist, zitiert er gern das Heraklit zugeschriebene »Alles fließt«. Während Möchtegernpropheten unsere Ängste schüren, versucht er unverdrossen, in das Gestrüpp der Tatsachen und Pseudotatsachen, das so undurchdringlich geworden ist wie die Vegetation unserer überdüngten Fluren, Schneisen zu schlagen, durch die sich Aussichten auf eine Wende zum Guten ergeben. Über die Faunaverarmung auf dem Land tröstet er uns mit der Artenvielfalt, die sich in den grünen Bereichen der Großstädte ausbreitet. Auf die Schilderung der Verödung durch die Agrarwirtschaft läßt er die frohe Botschaft folgen, daß in München auf jeden Einwohner ein Vogel kommt – was mancher Münchenspötter schon immer vermutet hatte.

Wie man den Leser packt, hat der Vogel- und Insektenforscher vielleicht dem Ameisenlöwen, *Myrmeleon formicarius*, abgeschaut, der seine Beute in einem selbstgeschaffenen Sandtrichter fängt. Während dieser jedoch seinem Ameisenopfer, das ihm in die Zange rutscht, ein tödliches Gift einflößt, impft uns Reichholf am Ende immer mit Zuversicht. In seiner Philippika gegen den Ökokolonialismus Europas, *Der Tanz um das goldene Kalb*, entsteht durch die anschauliche Schilderung der Serengeti der Sandtrichter oder Savannensog, dem sich der Leser nicht entziehen kann. Von der wohlausgewogenen Welt aus Großtieren und Grasland in Ostafrika führt uns der Autor in einen Höllenkreis, den er »Serengeti II« nennt: das niedersächsische Vechta mit seinen in Ställe gepferchten Rindermassen. Wir sind schon fast am

Grunde des Trichters angelangt, wenn wir von der fernen Hölle lesen, die in Brasilien auch zugunsten der maßlosen Viehwirtschaft von Vechta brennt:

»Dann liegt bleierne bis düster gelbliche Luft über dem Zentrum des Kontinents. Und über dem zweitgrößten tropischen Feuchtgebiet der Erde, dem Pantanal in Mato Grosso und den angrenzenden Bereichen des Gran Chaco von Bolivien, Paraguay und Nordargentinien, taumeln im Juli und August, der Trockenzeit des Südwinters, unablässig grauweiße Ascheflocken wie geisterhaftes Schneegestöber aus dem wolkenlosen Himmel nieder. Wochenlang landen die Flugzeuge im Inneren des Kontinents nur nachts, weil am Tag die Positionslichter der Start- und Landebahnen nicht zu sehen sind.«

Fünfzehn Jahre sind vergangen, seit Reichholf über das brennende Brasilien flog. Durch den während der BSE-Krise dann noch angestiegenen Bedarf europäischer Rinder an Sojafutter dehnten sich die Brandrodungen des Regenwaldes auf drei Millionen Hektar aus, eine Fläche halb so groß wie Bayern. Seither brannten jährlich eineinhalb bis zweieinhalb Millionen Hektar ab. Die Auswirkungen der Großbrände auf das globale Klima und die Vielfalt der seltenen Arten des Regenwaldes sind verheerend. Tag für Tag sterben an die fünfhundert Arten aus, deren Gestalt und Eigenart niemand kennt.

Woher nimmt ein Lebensforscher angesichts solch vernichtender Befunde die Kraft, am Menschen nicht irre zu werden und die Hoffnung nicht aufzugeben? Seine Liebe zur

Natur, zu allen Lebewesen, muß sehr tief verwurzelt sein. Ihren Ursprung hat sie in den Auen der niederbayerischen Innstauseen, die Reichholf in seiner Kindheit barfuß durchstreifte. Sobald er des Schreibens mächtig war, hielt er seine Beobachtungen der Wasservögel in einem Merkheft fest. Nach dem Studium der Biologie, Chemie, Geographie und Tropenmedizin, das er mit einer Dissertation über Wasserschmetterlinge abschloß, ermöglichte ihm 1970 ein Stipendium, ein Jahr in Brasilien dem Studium der Tropennatur zu widmen. Als Forscher nach Südamerika zu reisen hatte er sich, angeregt durch ein Buch über Humboldt, schon in seiner Jugend erträumt.

In über dreißig Büchern hat er in den dreißig Jahren seiner Forscher-, Naturschützer- und Lehrtätigkeit seine Ansichten der Natur dargelegt. Romantischer Naturtümelei hält er entgegen, daß der Frage, welche Natur die richtige sei, ein falsches Naturverständnis zugrunde liege. Aber welche *Auffassung* der lebenden Natur ist die richtige? Im Mai 1860 hat der große Zoologe und Embryologe Karl Ernst von Baer dieser Frage zur Eröffnung der Russischen entomologischen Gesellschaft einen denkwürdigen Vortrag gewidmet. Um zu zeigen, wie unterschiedlich selbst begründete Urteile ausfallen können und welcher Dimension unser geistiges Erbe angehört, dachte er sich folgendes Gleichnis aus:

»Es hört jemand in einem Walde ein Horn blasen und je nachdem er ein lebhaftes Allegro oder ein schmelzendes Adagio gehört hat, wird er vielleicht auf einen munteren Jäger oder auf einen zartsinnigen Musiker schließen, die er aber nicht sehen kann. (...) Indem er die Melodie in sich zu wiederholen strebt, tritt zu ihm eine Milbe, die in dem Horne saß, als man anfing zu blasen. ›Was Melodie, was Adagio! Dummes Zeug!‹ spricht sie. ›Ich habe es wohl gefühlt. Ich hatte eine stille und dunkle Höhle gefunden, in der ich ruhig saß, als sie plötzlich von einem schrecklichen Erdbeben erschüttert wurde, erregt durch einen entsetzlichen Sturmwind, der mich aus der Höhle herausschleuderte.‹ ›Torheit!‹ ruft eine gelehrte Spinne, die in physicis gute Studien gemacht und den Doktorhut cum laude sich erworben hat, ›Torheit! Ich saß auf dem Horne und fühlte deutlich, daß es heftig vibrirte, bald in rascheren, bald in langsameren Schwingungen, und Ihr wißt, daß ich mich auf Vibrationen verstehe, fühle ich doch die leiseste Berührung meines Netzes, wenn ich tief in meinem Observationssacke sitze.‹ Sie hat recht, die gelehrte Spinne, in ihren subtilen physikalischen Beobachtungen«, erläutert von Baer, »auch die Milbe hat richtig beobachtet; nur hatten beide kein Verständnis für die Melodie gehabt.«

Die Milbe bleibt Milbe, die Spinne Spinne, nur *Homo sapiens* ist im doppelten Wortsinn ein fragwürdiges Wesen. Der Entdecker des Säugetiereies nahm die Lebensprozesse, die sich aus dem Keim in der Zeit entfalten, als Melodien wahr, eine Auffassung, die hundert Jahre später im Werk des Zoologen Adolf Portmann noch lebendig ist. Nun fügt es sich vortrefflich, daß Portmann, dem die Akademie als bislang einzigem Biologen 1965 den Sigmund-Freud-Preis verlieh, zu den Denkern gehört, deren Schriften für Reichholf prägend waren. In einer immer eintöniger werdenden Welt mit drei Milliarden Menschen sah Portmann es als unsere dringlichste Aufgabe an, den Sinn für Maß und Grenzen zu schärfen. In nur vier Jahrzehnten ist die Anzahl der Erdenbürger auf über sechseinhalb Milliarden angewachsen. Vielleicht wird uns erst der Mangel lehren, maßzuhalten. »Wo (in der Natur) Mangel herrscht, bewältigt Vielfalt die Armut, und es ist der Mangel, der die Vielfalt auch aufrechterhält«, mahnt Reichholf im *Tanz um das goldene Kalb*. »Artenvielfalt ist nicht Luxus, nicht einfach verzichtbar, sondern die gespeicherte Fähigkeit, mit den Widrigkeiten des Lebens fertig zu werden.« *In defectu valor* lautet ein Wahlspruch aus dem 16. Jahrhundert, einer Zeit voller Schrecken, die dennoch eine Fülle von Werken hervorgebracht hat, von denen wir noch heute zehren. In der Malerei entstand das Genre der Waldlandschaft. Damals junge Bäume könnten heute noch leben, wie uns ein schmales Büchlein mit dem schönen Titel *Waldzeiten* lehrt. Darin ist Reichholfs klare Prosa mit den japanischen Gedichten seiner Frau Miki Sakamoto getrüffelt. Es stellt ein westöstliches Waldlob dar, eine Art Libretto zu den Melodien, die in der Entfaltung des Lebens von Baum und Blume, Pilz und Moos, Hirschkäfer und Zitronenfalter, Specht und Reh von der Schönheit und Sinnfälligkeit des nicht von uns Geschaffenen zeugen, das unsere Ehrfurcht erheischt.

Wir gratulieren Josef Helmut Reichholf zum Sigmund-Freud-Preis für wissenschaftliche Prosa.

DANKREDE ZUR VERLEIHUNG DES FRIEDRICH-MÄRKER-PREISES FÜR ESSAYISTIK

Ich danke dem Laudator für die Preisung, der Stiftung und ihrer Jury für den Preis. Als gepriesene Essayistin möchte ich mich in meiner Dankrede dem Riesen zuwenden, auf dessen Schultern ich wie alle Essayisten-Zwerge stehe:

MICHEL DE MONTAIGNE

Die schöne Biegsamkeit der deutschen Sprache hat ihre Tücken. Zwar ist der Essay ein Versuch, aber die Essayistik keine Versuchung, und kaum ein Essayist versteht sich als Versucher. Ein kleines i macht die Sache nicht besser und den Teufel zum Stümper. In einem Brief an Zelter klagt Goethe über den seichten Dilettantismus der Zeit, die Atmosphäre, »worin sich vornehme Weiber, halbkennende Gönner und unvermögende Versuch*ler* so gerne begegnen.« In Abwandlung einer Mephistopheles-Phrase aus dem Faust könnte man sagen: den Versucher sind wir los, die Versuch/ler sind geblieben.

Das Wortfeld von *essay* und *essai* ist anderer Natur. Ver/suchung, Anfechtung, Verführung liegen ihm fern. Das Wort leitet sich aus der Sprache ab, in der Montaigne als Kind sprechen lernte. Sein deutscher Lehrer, der des Fran/zösischen nicht mächtig war, seine Eltern und sogar deren Diener und Kammermägde plauderten mit dem Knaben la/teinisch, die einen in der klassischen, die anderen in der Kü/chen/Version. In einer kurzen aus den *Essais* gezogenen Le/bensbeschreibung des 18. Jahrhunderts heißt es: »Der junge Montaigne hatte länger als sechs Jahre eben so wenig franzö/sisch, oder perigordisch, als arabisch gehört: ohne Kunst, ohne Buch, ohne Grammatik, ohne Unterricht, und ohne Ruthe, hatte er so gut und so rein Lateinisch gelernet, wie sein Lehrmeister.«

Ein lebendiges Latein liegt dem klangvollen, nuancen/ und bilderreichen Französisch der *Essais* zugrunde. Allein, dem Lob seiner Sprache mißtraute Montaigne: »Ich weiß wohl, wenn sich jemand über die Sprache der *Essais* ergeht, dann wäre mir lieber, er schwiege.« Hinter der Hervorhe/bung des Stils witterte er die Herabsetzung des Sinngehalts. Andere mochten mit der Schönheit ihrer Rede glänzen, er drückte sich trocken, triftig und unverblümt aus, wie man *sec, rond et cru* übersetzen könnte. *Comique et privé* nennt er sei/nen Stil; *comique* im Sinne des derb/realistischen der antiken Komödie, deren Darsteller mit Tiermasken und in grotesken wattierten Kostümen auftraten, und *privé* im Sinne von *par/*

ticulier, also eigentümlich oder eigenwillig. Mehrfach betont Montaigne die nur ihm eigene Form. »Hat jemand etwas zu sagen, so gibt es keine angemessenere Weise als seine eigene, hat er nichts zu sagen, so ist seine noch passender«, weiß zweihundert Jahre später Jean Paul.

Wie Form und Inhalt, Körper und Geist, so setzte Montaigne auch sein Werk und sich ineins. Wer vom einen spreche, spreche vom anderen. Er hätte auch *les essais c'est moi* sagen können. *Essai* kommt von *exagium*, das Wägen, abgeleitet von *exigere* bzw. *exagere*, zu *agere*, treiben. Vom Vertreiben, zum Beispiel Adams und Evas aus dem Paradies, bis zum Wägen, zum Beispiel der Seelen am Jüngsten Tag, kann *exigere* vielerlei heißen. Die konkreten Bedeutungen, aus denen sich die figürlichen entfalten, haben einen entschiedeneren und heftigeren Charakter als das ungewisse, vom Suchen abgeleitete Versuchen.

Exigere heißt ein lebendes Wesen verjagen, verstoßen, vertreiben, hintreiben, wegtreiben oder heraustreiben, sei es das Vieh auf die Weide, den Hirsch aus dem Gebirge, den Feind aus dem Feld, den Schauspieler von der Bühne oder die Gattin aus dem Haus; sodann ein Schwert *schwingen*, jemandem einen Hieb *versetzen*, eine Waffe ganz in den Leib *hineinstoßen*, zu etwas *zwingen*, vom Leben zum Tod bringen oder etwas zu Ende bringen, vollenden, vollbringen, zurücklegen, verleben sowie verlangen, fordern, eintreiben und schließlich: nach einem Maßstabe oder Maß etwas genau abwägen, überlegen, untersuchen, beurteilen, prüfen, über etwas mit sich zu Rate gehen.

Eine Waage im Gleichgewicht mit der pyrrhonischen Devise »Ich enthalte mich des Urteils«, gibt auf der Medaille, die Montaigne 1576 prägen ließ, keine Rätsel auf. Es war das Jahr, in dem er am längsten Kapitel der *Essais* schrieb, der »Apologie des Raimundus Sebundus«. »Der Knechtschaft des Parlaments und der öffentlichen Bürden überdrüssig« hatte er sich 1571 mit achtunddreißig Jahren in den Turm seines Schlosses zurückgezogen und 1572 mit dem Schreiben der *Essais* begonnen. Die ersten beiden Bücher erschienen 1589 in Bordeaux. Acht Jahre später kam in Paris die vollständige Ausgabe heraus mit zahlreichen Ergänzungen des ersten und zweiten Buches. Eine der Ergänzungen in der *Apologie de Raimond Sebond* betrifft seine nunmehr verwandelte Waagschalen-Devise. Da er davon spricht, daß er sie trage, scheint es sich um eine Imprese zu handeln, das in der Renaissance so beliebte in Gold geprägte Abzeichen, das der Edelmann am Gewand, am Hut oder an der Mütze trug.

Das italienische Wort *impresa* kommt von *imprendere*, etwas unternehmen, bedeutet also eigentlich Unternehmung, Vorhaben, man könnte auch Wagnis sagen, ein von der Waage abgeleitetes Wort. Denn man wählte seine Imprese nicht nur, um in verhüllter Form die persönliche Eigenart und sein inneres Wesen anzuzeigen, sondern drückte mit einer *impresa d'armi* oder einer *impresa d'amore* die Hoffnung auf Glück bei einem Kriegs- oder Liebesabenteuer aus. Das Wagnis von Montaigne war anderer Art. Im Unterschied zum dreiteiligen Emblem ist die Imprese zweigeteilt in Körper und Seele, wie man in der Devisenkunst das Bild und den Wahlspruch nennt. Kein Epigramm erläutert das Rätsel, und die Devise steht nicht *über*, sondern *im* Bild. *Que scay-je?*, was weiß ich?, die Buchstaben der Zweifel-Devise von Montaigne bilden im Queroval der Imprese einen Bogen über den ausgewogenen Schalen der Waage, die nunmehr das Sinnbild der *Essais* darstellt.

Ein Wagnis war, was Montaigne unternahm. *Une entreprinse espineuse* nennt er sein schwieriges Unterfangen, »dem so unsteten Gedankenfluß unseres Geistes zu folgen und bis in die undurchsichtigsten Tiefen seiner inneren Windungen vorzudringen.« Er male nicht das Sein, er male den Wechsel. Wie er dabei vorgeht, stellt er im ersten Buch zu Beginn des Kapitels »Über die Freundschaft« dar, wo er sich mit einem Maler jener Art Wandfresken vergleicht, wie wir sie hier in München im Antiquarium der Residenz bewundern können. Für ein nach allen Regeln räumlich-illusionistischer Kunst geschaffenes Gemälde, Bild einer Landschaft mit oder ohne Figuren, einer personifizierten Tugend, eines Gottes oder einer Göttin, wählt der Maler die schöne Mitte einer Decke, Wand oder Wölbung und füllt dann die Leere drumherum mit freischwebenden Grotesken aus, deren einzigen Liebreiz Montaigne in ihrer Mannigfaltigkeit und Wunderlichkeit erkennt: bizarre Fabelwesen, halb Tier oder Pflanze, halb Mensch, Satyre, Sphinxe, Sirenen, Seeungeheuer, umgeben von wuchernden animalischen Ranken und zu Ornamenten erstarrtem Getier.

Wie die Grotesken so die *Essais*, denn »was sind sie in Wahrheit anderes als auch Grotesken, monströse, aus verschiedenen Gliedern zusammengesetzte Körper, ohne zuverlässige Gestalt, deren Ordnung, Folge und Proportion sich einzig dem Zufall verdankt.« Vor der schönen Mitte endet der Vergleich. Für ein kunstvoll geschliffenes Tableau fehle ihm die Gabe, meint Montaigne und beschwört die Erinnerung an seinen über alles geliebten verstorbenen Freund Étienne de La Boétie, dessen *Abhandlung über die freiwillige Knechtschaft* als einzige würdig wäre, die schöne Mitte seiner Grotesken zu bilden.

Nicht nur *wie* sich in den *Essais* allerlei Gelesenes, Gehörtes, Gesehenes, Gelebtes und Gedachtes willkürlich aneinandergereiht findet, ist der Groteskenmalerei verwandt, auch *was* uns in ihnen begegnet, ist ungeheuerlich. Nichts als sich selbst zu malen sah Montaigne nicht als Beschränkung an, da er überzeugt war, daß jeder Mensch in sich die ganze Wesensform der *humaine condition* trage. Seine Reflexionen über unsere Stellung in der Welt gipfeln in dem unerhörten Satz: *Nous n'avons aucune communication à l'estre*, wir haben keinerlei Beziehung zum Sein.

Eine Entsprechung dieser *Ansicht* scheint in einem Arcimboldo zugeschriebenen Gemälde auf:

Aus einem breiten Fluß in einer hügeligen Landschaft ragt ein bewaldeter Felsbrocken, der zugleich als Kopf eines monströsen Mannes zu lesen ist. Eine runde Wallfahrtskapelle, zu der eine gewundene Treppe führt, bildet sein linkes Ohr, ein Turm seine Nase, zwei Burgen seine Augen, eine zinnenbewehrte Brücke Zähne und Mund. Kleine Menschlein treiben in der Nähe des gespenstisch aufgerissenen Mundes ihr Wesen, und im Haarwald des Riesen zielt ein Jäger auf einen Hirsch. *Homo omnis creatura*, der Mensch ist alle Kreatur, steht auf einer Banderole am Himmel über dem schrecklichen Haupt. Das mittelalterliche Motto ist hier gleichsam auf den Kopf gestellt. Ein aus allem Geschaffenen zusammengesetztes Trugbild ist der Mensch, *qu'une obscure apparence*, schreibt Montaigne. So können wir uns das Bild vorstellen, das er von sich im Kernstück der *Essais* malt, der *Apologie de Raimond Sebond*, die Claude Lévi-Strauss mit einem Mikrokosmos vergleicht, in dem sich das ganze Werk spiegelt:

Aus der Landschaft am Rande von Périgord ragt sein mächtiger Kopf; die Nase bildet sein Schreibturm, die Gebäude seines Schlosses sind seine Augen und ein kleiner geschwungener Pfad gibt sich auf einer Lichtung seines Wald-Bartes als Mund zu erkennen. Auch einen Hirsch finden wir dort. Montaigne ließ ihn im Dezember 1584 zur zweitägigen Jagd mit Heinrich von Navarra in seinen Wald treiben. Sehr breit müßte man die Schultern des Riesen malen, zwei Hügelketten vielleicht, Aufenthaltsort künftiger Zwerge.

VORSTELLUNGSREDE VOR DER AKADEMIE
FÜR SPRACHE UND DICHTUNG

Liebe Freunde und verehrte Mitglieder der Akademie,

beim Grübeln über eine angemessene Weise, mich in fünf Minuten vorzustellen, kam mir eine Geschichte in den Sinn, die ich in einer alten Sammlung jüdischer Schwänke las. Sie handelt von einem Reisenden, der im Coupé eines eben in einen Bahnhof eingefahrenen Zuges sitzt. Als er sich aus dem Fenster lehnt, weil auf dem Bahnsteig ein »Rubinstein, Rubinstein« rufender Mann den Zug entlangrennt, verpaßt ihm der herbeigeeilte Rufer eine saftige Ohrfeige. Großes Gelächter im Abteil des Geschlagenen. Am heftigsten und längsten lacht dieser selbst. Von einem der schadenfrohen Mitreisenden befragt, was es denn für *ihn* dabei zu lachen gebe, erwidert er: »Aber ich bin doch gar nicht *Rubinstein*!«

Sie haben mir die große Ehre erwiesen, mich als Mitglied der Akademie in Ihren illustren Kreis aufzunehmen. Anscheinend haben Sie mich mit Anita Albus verwechselt. Als *femme de lettres* sei sie buchstäblich vorgestellt: Anita Albus, fünf Konsonanten und fünf Vokale. Unter den paradoxen Anagrammen, die sich daraus bilden lassen, wie *Saat in Blau* oder *Laub*, *au saint bal* oder *Au in Basalt*, *Aal in Staub* oder *l'inabusata*, scheint *a basal unit* das einzige Sinnvolle zu sein.

Ob es in der Zeit der Enkel meiner beiden Enkel noch Augen für meine Bilder und Leser meiner Romane, Erzählungen und Essays geben wird, kann keine schwarze Spottdrossel, kein weißer Rabe voraussagen. Sollte es dann jedoch die Deutsche Akademie für Sprache und Dichtung noch geben, würde im Jahrbuch 2005 nachzulesen sein, welche Rolle den erfülltesten fünf Minuten meines Lebens eine kleine Heilpflanze spielte, die dann vielleicht auch auf meinem Grab von Mai bis Oktober ihre Blüten entfalten wird: *Viola tricolor*, das Ackerstiefmütterchen, in Frankreich *la pensée sauvage* genannt.

La pensée sauvage heißt zugleich »das wilde Denken«. Es ist nach Claude Lévi-Strauss, dessen gleichnamiges 1962 veröffentlichtes Werk auf dem Einband eine *Viola tricolor* ziert, weder das Denken der Wilden noch das einer archaischen Menschheit. Das Ei war vor der Henne da, wie das Denken vor den Denkern. Ganz und gar dem Konkreten zugewandt, will es im wilden Zustand »zugleich analytisch und synthetisch sein, in beiden Richtungen bis an seine äußerste Grenze gehen und doch fähig bleiben, zwischen beiden Polen zu vermitteln«.

Es war ein heißer Tag im Juli 1980, als ich mich in die Münchner Bibliothek der Ethnologen begab, um aus einem Buch eine Fabel der Irokesen über eine Eisvogelart, den Gürtelfischer, zu kopieren, die ich in mein schon damals begonnenes Buch über gefährdete Vogelarten aufnehmen wollte. Die Quelle hatte mir Lévi-Strauss genannt, mit dem ich seit zwei Jahren korrespondierte. Damals war die Bibliothek noch im ersten Stock eines Hinterhauses der Schellingstraße untergebracht, einem häßlichen Gebäude, in dem im Erdgeschoß ein Beerdigungsinstitut »Pietät« sein Leichengepränge feilhielt. Ein einziger Student saß schwitzend im Leseraum, in dem eine Bibliothekarin hinter einer Theke für die Bücherausgabe sorgte. Es war ein dicker leinengebundener Band, den sie mir überreichte: *Second Annual Report of the Bureau of Ethnology to the Secretary of the Smithsonian Institution*, 1883 in Washington gedruckt. Ich trug ihn zu einem der bereitstehenden Pulte und schlug die von Lévi-Strauss angegebene Seite auf. Die Fabel »Kingfisher and his nephew« beginnt auf Seite 108 und läuft auf Seite 110 aus. Ich blätterte zum Ende um und fand ... eine verblichene *Viola tricolor*. Vom Leser, der sie ins Buch gelegt hatte, vergessen, muß sie seit Jahrzehnten, unverrückt wie in einer Herbarpresse, auf die Räuberin gewartet haben, die sie in einem Kästchen aufbewahren sollte.

Fünfundzwanzig Jahre sind seither vergangen. Um für das Eisvogelkapitel meines im September erscheinenden Buches *Von seltenen Vögeln* die Gürtelfischerfabel endlich zu kopieren, bin ich im vergangenen Winter noch einmal zu jenem Band zurückgekehrt, der inzwischen mit der ganzen Bibliothek in ein Gebäude am Rand des Englischen Gartens gewandert war. Vom Dasein der *pensée sauvage* zeugt noch immer das mit dem Saft in die Seiten 110 und 111 gepreßte Zwillings‑Schema ihrer Gestalt, Wappen meines Glücks und Sinnbild dessen, was man aus Scheu vor dem Uner‑ forschlichen »Zufall« nennt.

Ein Zufall, durch den eine treffende Ohrfeige ins Leere geht, unterscheidet sich von dem, der gleichsam ins Volle trifft, weil er einen anonymen Leser mit einem berühmten Ethnologen verbindet, einen großen Denker mit einer unbe‑ kannten Malerin, eine Gürtelfischerfabel Nordamerikas mit einem wilden Stiefmütterchen in München, 1883 mit 1962 und 1980. Der eine gehört dem Nichts‑als‑Zufälligen an, der andere einer Welt, in der der Zufall ein so vollkommenes Maß hat, daß er aus jedem Blickwinkel sinnvoll erscheint und den Gegensatz von Zufall und Notwendigkeit aufhebt. Im ersten Fall kann man es lachend bewältigen, im zweiten scheint etwas auf, dem gerecht zu werden man sogar als ini‑ tiierte *académicienne* nur hoffen kann.

DANKREDE ZUM JOHANN-HEINRICH-
MERCK-PREIS FÜR ESSAYISTIK

Meine verehrten Damen und Herren,

ich danke den Mitgliedern der Deutschen Akademie für Sprache und Dichtung für den Johann-Heinrich-Merck-Preis und für die besondere Ehre, die mir als Malerin durch die Ausstellung im Hessischen Landesmuseum zuteil wird, und ich danke Martin Mosebach für seine vogelige, blumige und farbige Laudatio.

Aus guten Gründen könnte man den Johann-Heinrich-Merck-Preis auch Mephistopheles-Merck-Preis nennen. Eine Woche brauchte Goethe, das Drama *Clavigo* zu schreiben, das Merck mit einem Satz abtat: »Solch einen Quark mußt du mir künftig nicht mehr schreiben; das können andre auch.« Dieses Urteil hat ihm in *Dichtung und Wahrheit* die Apostrophierung »Mephistopheles Merck« eingetragen. »Und doch hatt' er hierin Unrecht«, verteidigt sich Goethe, allein, eine unzutreffende Kritik empfindet man nicht als teuflisch. Das Schmerzliche für Goethe war, daß die Mißbilligung der hohen Einschätzung seines dichterischen Vermögens entsprang. War es doch Merck, der intuitiv erfaßt hatte, wodurch Goethe sich vor anderen auszeichnete. Sein Bestreben, seine unabwendbare Richtung sei es, dem Wirklichen eine poetische Gestalt zu geben, während die andern versuchten, das sogenannte Poetische, das Imaginative zu verwirklichen, was nichts als dummes Zeug ergäbe, hatte der Freund eines Tages zu ihm gesagt.

Vom Dinglichen gelöst ist das Imaginative das Unwirkliche schlechthin, und dieses ist ein Prädikat der Hölle. Das Unwirkliche verwirklichen heißt nach Jean Paul den Äther mit dem Äther in den Äther malen. Die Forderung, die Goethe als »die vornehmste« an den Künstler stellt, »bleibt immer die: daß er sich an die Natur halten, sie studiren, sie nachbilden, etwas, das ihren Erscheinungen ähnlich ist, hervorbringen solle.«

Nach der gleichen Gesetzmäßigkeit, mit der eine Pflanze ihr Blattwerk ausbildet, soll sich das Kunstwerk von innen entfalten, der Dichter sich seinem Gegenstand anverwandeln. »So denke man mich als einen gebornen Dichter«, schreibt Goethe in der Geschichte seiner botanischen Studien, »der seine Worte, seine Ausdrücke unmittelbar an den jedesmaligen Gegenständen zu bilden trachtet, um ihnen einigermaßen genugzutun.« Eine fertige Terminologie, aus der man zur Charakterisierung eines Gegenstandes eine geschickte Auswahl trifft, kann diesem niemals gerecht werden. Ein solches Vorgehen vergleicht er mit der Herstellung eines Mosaiks, »wo man einen fertigen Stift neben den anderen setzt, um aus tausend Einzelheiten endlich den Schein eines Bildes hervorzubringen.«

Poetische Gestaltung des Wirklichen läßt sich nicht konstruieren. Der Begriff der Konstruktion selbst war Goethe suspekt. Einem Konstrukt fehlt die Dimension des Lebendigen, in der die Einheit von Stoff und Form erst erscheint. Poesie geht aus einem Prozeß der Verdichtung hervor, der sich nicht abkürzen läßt, einer *Konkretion*. »Konkret« kommt von *concrescere*, was »in sich zusammenwachsen«, »sich ansetzen«, »sich bilden«, »sich verdichten« heißt, letzteres auch im Sinne von »sich verdunkeln« und »gerinnen«.

Der im Geist waltende Gegensinn war es, der in Goethe angesichts der Mannigfaltigkeit fremder Gewächse des Botanischen Gartens von Padua die Idee der Einheit hervorrief, die er nach seiner Rückkehr aus Italien im *Versuch, die Metamorphose der Pflanzen zu erklären* zur Anschauung gebracht hat. Weder seiner präzisen sinnlichen Phantasie, noch einer plötzlichen Eingebung, seinem »folgerechten Bemühen« wollte er es verdankt wissen, daß ihm in Sizilien das Gesetz der Blattfolge einer Fächerpalme aufging, die im Vorjahr in Padua seine Aufmerksamkeit so sehr gefesselt hatte, daß er den Gärtner bat, er möge ihm Blattstadien der Palme abschneiden. Diese trug er zwischen riesigen Pappen durch ganz Italien bis nach Weimar. Die Lanze des noch eingezogenen Blattes, dessen ausgefalteten Fächer, das Spatha genannte Hochblatt, das als Scheide den kleinen Blütenzweig umschließt – verehrte Fetische seiner Erkenntnis: alles ist Blatt.

Wer nicht verstand, daß seine Bewunderung dem Element der Transformation galt, nahm mit Befremden auf, daß der Dichter noch dem geringsten Blatt mehr Sinn zusprach als allen Worten. Wenn man, wie Nicolas Boyle in seinem Goethe-Buch, bedauert, daß der Dichter in Padua der Fächerpalme so viel Zeit widmete, die er doch mit den Bildern Giottos hätte verbringen können, dann verkennt man nicht nur den Forscher, dem die Morphologie ihren Namen verdankt, sondern im gleichen Maße den Dichter, der auch in Giotto die Natur geschaut hätte. »Die Natur in der Kunst zu sehen«, lesen wir in *Dichtung und Wahrheit*, »ward bei mir zu einer Leidenschaft, die in ihren höchsten Augenblicken andern, selbst passionirten Liebhabern, fast wie Wahnsinn erscheinen mußte.«

Zwei Jahre vor seinem Tode kommt Goethe noch einmal auf die Grundmaxime der Metamorphose zu sprechen und erklärt dem Kanzler von Müller: »Das Leben kehrt ebensogut in der kleinsten Maus wie im Elefantenkoloß ein und ist immer dasselbe; so auch im kleinsten Moos wie in der größten Palme.« Was dem Kanzler noch dunkel gewesen sein mag, hat die Forschung indessen erhellt. Was aber Leben ist, entzieht sich ihrer Definition. Bezüge sind das Leben, lehrt uns der Dichter, der sich in einem Ginkgoblatt erkannte. Sich auf ihn zu besinnen hat nichts mit Nostalgie zu tun. Als Meisterin der Wandelbarkeit und der Beharrlichkeit ist die Natur noch immer die beste Schule der Künste. Was die Regeln der Entfaltung eines Werkes angeht, haben diese ihre Gültigkeit für die großen wie die kleinen. Kein Moos will

Palme sein. Es kann sich im vollen Sonnenlicht, in dem diese gedeiht, nicht einmal an ihren schöngeschuppten Stamm anklammern. »Es ist dafür gesorgt, daß die Bäume nicht in den Himmel wachsen«, lautet das Motto von *Dichtung und Wahrheit*. So ist auch dafür gesorgt, daß das Moos auf der Erde bleibt und nur im Schatten großer Bäume gedeiht.

KUNST KOMMT VON KOCHEN

> »Es hat Ästheten und Gelehrte unter den Kritikern gegeben, Moralisten und Feinde der Moral, Sinnliche und Kühle, Schwergewichtler und Flatterhafte, Feierliche und Unstete, Professoren und Männer von Welt. Aber in einem Punkt waren sie sich alle gleich. Eine Eigenschaft war ihnen allen gemeinsam, die diese geringen Unterschiede weit hinter sich ließ. Sie hatten unrecht.«
> Jean Paulhan

Anatole France hielt Rimbaud für einen Scharlatan und Zola für dumm, Maurras warf Mallarmé vor, er jongliere mit Worten, Sainte-Beuve hielt Baudelaire schlicht für anormal, in Nerval sah man einen Clown, und Jarry denunzierte man als Alkoholiker. Schon immer hat die Kritik versagt, wenn sie sich anmaßte, über die verschiedenen Welten der Literatur mit Kriterien zu urteilen, die nur für die eine oder andere dieser Welten Gültigkeit haben. Keinem Koch würde es einfallen, seinem japanischen Kollegen mangelnde Garzeiten vorzuwerfen. Sofern er sein Handwerk versteht, wird er kaum dem Wahn erliegen, die gastronomischen Traditionen aller Zeiten und Länder auf der Pfanne zu haben. Außerdem zeichnen sich die Köche dadurch aus, daß sie nicht mit der Vergänglichkeit ihrer Werke hadern. Von Rabelais bis Swift, von Heine bis zur Blixen, von Proust bis zu Queneau ist die Literatur mit Küchenmetaphern getrüffelt.

»Wenn es eine Muse des Romans gibt«, sagt Walter Benjamin, »so trägt sie die Embleme der Küchenfee.« Er vergleicht die Art und Weise, wie man die »Rohkost der Erfahrung« zu einem Roman verarbeitet, mit der Zubereitung eines nahrhaften, geschmackvollen, appetitlichen Gerichts aus Substanzen, die im »Rohzustand unbekömmlich sind«. Wer könnte also berufener sein, Romane zu besprechen, als ein begabter Koch?

Es käme ihm nicht in den Sinn, ein Gericht als gaumenlastig zu beschimpfen oder die Kunst und das Leben, das Werk und die Person einfach in einen Topf zu werfen. Er könnte die vielfältigsten Zubereitungsmethoden unterscheiden und wüßte, daß der Witz beim rohen Radieschen die Butter und das Salz sind. Er verstünde es, ein Hühnchen zu rupfen und zu zerlegen, und würde niemals das Beste daran vergessen: die kleinen, in einer Mulde am Rücken verborgenen Filets, die man *sot l'y laisse* nennt, denn nur der Dumme läßt sie drin.

Niemand muß ihm sagen, daß ein Salat zusammenfällt, wenn man ihn zu lange »ermüdet«, wie es in der Küchensprache heißt, die sich in ihrer Anschaulichkeit mit der des besten Schriftstellers messen kann; und weil diese französisch ist – das Deutsche hat nicht viel mehr als den »Stockfisch« beigetragen –, können wir zu den vielen Vorteilen unseres Kritikerkochs auch noch die Beherrschung einer Fremdsprache zählen. Er wird niemandem den Bären aufbinden wollen, »Farfallone« komme aus dem Französischen, und wüßte überdies, um welche Nudel es sich dabei handelt. Außerdem wäre ihm bewußt, daß es viel schwieriger ist, den Ekel der Gäste vor den »frivolités« genannten Lammhoden durch eine raffinierte Zubereitung zu überspielen als Geselchtes mit Knödeln zu servieren.

Auf den Vorwurf, er sei in das Essen verliebt, würde er jederzeit antworten: »Ja in was denn sonst?«

Selbstverständlich wüßte er, daß der gute Romancier, wie der gute Koch, eine ganz eigene Handschrift, einen unverwechselbaren Stil hat. Er würde von der Erkenntnis ausgehen, daß der liebe Gott im Detail steckt, und hätte eine Nase für die Prätentionen, mit denen der Teufel ihn nachahmt. Er könnte das Vorgefertigte herausschmecken und das Mehl, mit dem die mißratene *liaison* nachträglich gebunden und gestreckt wurde. Die Gerichte der Ungeduldigen, die mit der Zeit geizen, würde er als Farce bloßstellen. Dem Innovativen würde er mit Mißtrauen begegnen, weil unter der neuen Garnitur meistens der alte Hirsch begraben liegt. Darin sind die Kochkünstler sogar klüger als die Dichter: sie sind vor der Illusion absoluter Originalität gefeit. Sie wissen, was sie ihren Vorgängern verdanken und daß sie sich um so mehr Freiheiten herausnehmen dürfen, als sie die Regeln beherrschen.

Nun sind aber die guten Köche morgens auf dem Markt und stehen bis in die Nacht in der Küche. Man kann ihnen nicht zumuten, daß sie nebenher Bücher rezensieren. Vielleicht aber gelänge es, nach den Regeln ihrer Kunst die vielen Irrtümer und Mißverständnisse über die Kunst, die zwar schon immer in Umlauf waren, aber sich in keiner Zeit so schnell ausbreiten und vervielfältigen konnten wie heute, um einige zu reduzieren.

DIE GABEN DER SCHILDKRÖTE

Festina lente, »Eile mit Weile«, lautet ein Lemma der Schildkröte im Emblem. Dazu trägt sie im Sinnbild ein Segel auf dem Rücken oder einen Schmetterling. Verweilt sie aber ohne Weile, ist es leicht um sie geschehen. Treibt sie, wie Plinius uns erzählt, bei ruhiger See auf der Oberfläche des Indischen Meeres dahin, dem Vergnügen freien Atmens hingegeben, während ihr die Sonne auf das Buckelschild brennt, schläft sie mitunter ein, »was man an ihrem Schnarchen erkennt; dann, so heißt es, schwimmen je drei Männer (...) leise und ruhig heran, zwei drehen sie auf den Rücken, der dritte wirft ihr in dieser Lage einen Strick um«, an dem man sie ans Ufer zieht. Zur Zeit von Plinius kamen im Indischen Ozean noch Schildkröten von solcher Größe vor, »daß man mit dem Schilde eines einzigen Tieres bewohnbare Hütten bedeckt und zwischen den Inseln auf ihnen wie mit Kähnen fährt«. Nur von den Troglodyten hatten die Schildkröten laut Plinius nichts zu befürchten, denn von den Höhlenbewohnern wurden die mit ihrer Schalenhöhle verwachsenen Geschöpfe als heilige Tiere verehrt.

Auch in Arkadien nahm das Leben der Schildkröten seinen natürlichen Lauf. Es war verboten, die dem Pan geweihten Tiere zu töten, weshalb es in den arkadischen Bergen die größten Exemplare gab.

Weder bei den Griechen noch bei den Römern stand die Schildkröte auf dem Speiseplan. »Schildkrötenesser« war in ihrem Sprachgebrauch ein Synonym für »Barbar«. Nur als Heilmittel gegen diverse Leiden fanden Fleisch, Blut, Galle, Asche und Eier der Schildkröten Verwendung. Das Schild der Tiere aber bildete den Resonanzboden der Lyra, die Hermes erfand und seinem Halbbruder Apollon übergab, zu dessen Attributen die Schildkröte deshalb gehört. Apollon vermochte es sogar, sich in das Kriechtier zu verwandeln, als er sah, wie die von ihm heiß begehrte Dryope im Kreise der Eichennymphen mit Schildkröten spielte. So ließ er sich von ihr auf den Schoß nehmen und wohnte ihr bei.

Im Götterkrieg wandte auch Pallas Athene die List an, sich in eine Schildkröte zu verwandeln. Diese gehört jedoch nicht zu ihren Attributen, wohl weil sie selbst eine Schildträgerin ist. Als Sinnbild häuslicher Eingezogenheit, der gesitteten ehelichen Liebe, ist die Schildkröte mit Aphrodite Urania verbunden. In den Heiligtümern der »Himmlischen« waren die Fußschemel als Tempeleigentum mit dem Zeichen einer Schildkröte markiert. Das Bild der Göttin, die mit einem Fuß auf einer Schildkröte steht, schuf der Bildhauer

Phidias aus Elfenbein und Gold. Als ein Geschöpf des feuchten Elements, das von großer Fruchtbarkeit zeugt, war die Schildkröte ursprünglich der vorderasiatischen Allmutter Astarte zugedacht.

Wie die Schildkröte zu ihrem Gehäuse kam, erläutert eine äsopische Fabel: Als Zeus die Tiere zu seinem Hochzeitsmahl einlud, traf die Schildkröte mit unerhörter Verspätung ein und war noch obendrein so taktlos zu erklären, sie habe so lange zuhause verweilt, weil es dort am schönsten sei. War nicht das eigene Haus der beste Freund? Entrüstet über diese Unhöflichkeit, verurteilte Zeus sie, fortan immer ihr Haus mit sich herumzutragen.

Weniger plausibel mutet die babrianische Fabel an, in der eine Schildkröte dem Adler alle Schätze des Indischen Ozeans verspricht, wenn er ihr das Fliegen beibringe. Die Meeresschildkröten des Indischen Ozeans bedürfen keiner Nachhilfe im Fliegen. Von ihnen schreibt Brehm: »Sie erinnern, wenn sie sich tummeln, auf das allerlebhafteste an fliegende große Raubvögel, z. B. Adler, denn sie schwimmen wundervoll mit ebensoviel Kraft als Schnelligkeit, mit ebenso unwandelbarer Ausdauer als Anmut.« Nur einer schwerfälligen Landschildkröte könnte man unterstellen, sie wünsche das Fliegen zu lernen, wie auch das Sprichwort *testudo volat*, »die Schildkröte fliegt«, das für etwas absolut Unmögliches steht, sich auf das Landtier bezieht, das als Inbegriff der Langsamkeit gilt. Die Fabel vom Adler und der Schildkröte scheint dem Dichter Babrios bei seiner Lektüre der *Naturalis Historia* in den Sinn gekommen zu sein. Da dichtet

Plinius dem Adler an, was eigentlich nur der Bartgeier vermag: er zerbreche die Schildkröten, indem er sie hoch in die Luft trage und auf Felsen herabfallen lasse.

In einer Umkehrung dessen, was Menschen den Schildkröten antun, taucht in der Theseus-Sage eine menschenfressende Meeresschildkröte auf. Skiron, der finstere Herrscher über die Kalksteinklippen des Kranichgebirges, lauerte am gefährlichen Saumpfad der Klippen hoch über dem Meer hinter einem Felsen den Wanderern auf und verlangte als Wegzoll, daß man ihm die Füße wasche. Machten sie sich daran, stieß er sie mit einem Tritt in die Fluten, wo das Hadestier in Gestalt einer Riesenschildkröte sie zerriß und verschlang. Theseus aber packte Skiron und schleuderte ihn über die Klippen ins Meer, der Schildkröte zum Fraß.

Tartaruga lautet der italienische Name der Schildkröte, und so kommt ihr auch in frühchristlicher Zeit eine Tartarosrolle zu. In einem Fußbodenmosaik der Theodorusbasilika in Aquileja verkörpert sie im Kampf zwischen Licht und Finsternis das dunkle Element. Den Kirchenvätern erschien die schlammliebende Schildkröte als Inkarnation niederer Sinnenlust, dem Irdischen verhafteter Trägheit und Häresie. Als Sinnbild der Sündenlast und Trägheit figuriert sie noch in der Renaissance, in der zugleich die antike Auffassung des Tieres als Sinnbild der Unsterblichkeit, der keuschen Zurückgezogenheit, Bedachtsamkeit, Beharrlichkeit und Unverletzlichkeit wiederauflebt.

In ihren Panzer eingezogen, nimmt sich die Schildkröte wie das unverletzlichste aller Geschöpfe aus. Zum Rückzug ist in ihrer Festung Raum für Kopf, Hals, Schwanz und alle vier Beine, an deren Außenseite starke Hornschilde die Panzeröffnungen wie Fensterläden verschließen. Kein fühlloses Wesen muß sich derartig verschanzen, allein seit Menschengedenken wird die Schildkröte behandelt, als kenne sie keinen Schmerz. Indianer im Inneren Brasiliens, schreibt Lévi-Strauss, legen sie lebendig auf dem Rücken in die Glut, um »sie in ihrem Panzer, als einem natürlichen Kochtopf, schmoren zu lassen: eine Operation, die mehrere Stunden dauern kann, weil das arme Tier so langsam stirbt«. Aus Ceylon erfuhr Brehm, daß man der Schildkröte auf den Märkten, nach der Abtrennung ihres Brustschildes, bei lebendigem Leib die vom Käufer gewünschten Fleischstücke herausschneidet. »Bei der bekannten Lebenszähigkeit der Schildkröten sieht dann der entsetzte Europäer, wie das geschundene Tier die Augen verdreht, das Maul langsam öffnet und schließt, und wie das Herz, das gewöhnlich zuletzt gefordert wird, pulsiert.«

Höllenqualen hatten auch die Seeschildkröten zu erleiden, die man zur Schildpattgewinnung fing. Sie wurden lebend über ein Feuer aufgehängt und solange geröstet, bis sich die Hornplatten vom Panzer lösten. In Regionen ohne Tierschutz können die herrlichen Karettschildkröten mit ihren hellen, wunderbar geflammten Schindelplatten noch heute dieser Tortur ausgesetzt sein.

Im alten China ging man behutsamer vor, wenn man sich zur rituellen Wahrsagung aus dem Bauchschild einer Schildkröte der Tiere bemächtigte. Man fing sie in Netzen im Herbst, aber getötet wurden sie erst im Frühjahr, denn man hielt dafür, daß die Austrocknung das Leiden der Tiere aufhebe. Nach dem Vollzug verschiedener Salbungs- und Reinigungsriten wurde der Schildkröte auf dem Altar das Brustschild abgesägt, das, vom Fleisch der Innenseite und von der Knorpelhaut der Außenseite befreit, auf Hochglanz poliert wurde. Dann versah man die neun Platten des Schildes mit Reihen kleiner ellipsoider Vertiefungen. Ein glimmendes Holzstück, kurz in eine Vertiefung gehalten, erzeugte auf der Rückseite einen zweispaltigen Riß, ein Glück oder Unheil verheißendes Zeichen, das zu deuten die Aufgabe des Orakelpriesters war.

Voraussetzung dieser Mantik war die reiche kosmologische Symbolik der Schildkröte im Reich der Mitte. In ihren Panzer eingeschlossen, stellt sie das kosmische Ei dar, die ganze räumliche Welt, während die neun Felder ihres Bauchschildes die neun Kontinente der mythologischen Geographie repräsentieren. Weil sie half, die Harmonie von Himmel und Erde zu wahren, gewährte ihr der Himmelskaiser Shang-ti zehntausend Jahre Leben. Wo das Wort *kui*, »Schildkröte«, tabuisiert war, wurde sie »der dunkle Krieger« genannt. Dem Wasser, dem Norden und der Farbe Schwarz zugeordnet, führt sie im chinesischen Bestiarium die Schalentiere an. Jorge Luis Borges schreibt in seinem *Handbuch der phantastischen Zoologie* über »Die Mutter der Schildkröten«:

»Zweiundzwanzig Jahrhunderte vor dem christlichen Zeitalter durchmaß der gerechte Kaiser, Yü der Große, mit seinen Schritten die Neun Berge, die Neun Flüsse und die Neun Sümpfe und teilte das Land in Neun Regionen, auf daß sie der Tugend und der Landwirtschaft dienlich seien. So bändigte er die Wasser, die Himmel und Erde zu überschwemmen drohten; die Geschichtsschreiber berichten, daß die Teilung, die er der Welt der Menschen auferlegte, ihm von einer übernatürlichen oder engelsgleichen Schildkröte, die einem Bach entstieg, enthüllt worden sei. Manche behaupten, dieses Reptil – Mutter aller Schildkröten – sei aus Feuer und Wasser gewesen; andere schreiben ihm eine kaum weniger ungewöhnliche Substanz zu: das Licht der Sterne, welche die Konstellation des Schützen bilden. Auf dem Rücken der Schildkröte befand sich entweder eine kosmische Abhandlung mit dem Titel *Hong Fan* (Allgemeine Regel) oder ein aus schwarzen und weißen Punkten verfertigtes Diagramm der Neun Unterteilungen dieser Abhandlung.

Für die Chinesen ist der Himmel halbkugelförmig und die Erde viereckig; daher sehen sie in den Schildkröten das Abbild oder Modell des Universums. Die Schildkröten haben außerdem teil an der Langlebigkeit des Kosmischen; es ist nur natürlich, daß man sie zu den Tieren des Geistes zähle (zusammen mit dem Einhorn, dem Drachen, dem Phönix und dem Tiger), und daß die Auguren Vorbedeutungen in ihrem Knochenpanzer suchen.

Tan-Qui (Genie der Schildkröte) ist der Name derjenigen, die dem Kaier das Hong Fan enthüllte.«

Ganz anderen Regeln gehorchend als die Untertanen des gerechten Kaisers Yü, sagen die Chinesen im kommunistischen China: »Der Vorsitzende Mao änderte den Lauf der Flüsse und versetzte Berge. Er war aber nicht in der Lage, die Schildkröte zu ändern.« So langlebig wie ihr Wundertier ist der Glaube der Chinesen, daß die Schildkröte in ihrem Panzer die Geheimnisse von Himmel und Erde berge.

MUTTERSPRACHE

Noch ohne Sinn für das ferne Grollen im Gedärm, das pulsierende Brausen der Blutströme, das Pochen des Herzens, das leise Lungengebläse und das alltägliche Libretto zu diesem Leibkammerkonzert, schwammen wir über drei Monate in scheinbar lautlosem Dunkel. Allein, von der vierzehnten Woche an drangen, gedämpft durch die dicken Wände und das Wasser in unserer Höhle, mit allen organischen Geräuschen auch Worte in unser sich allmählich entfaltendes Ohr. So waren wir schon in der Sprache, lange bevor wir das Licht der Welt erblickten. Der eigenen Sprache sind wir so unlösbar verbunden wie die Molluske ihrem Gehäuse. Ihrer Eigentümlichkeit können wir nur innewerden, wenn wir mit einer anderen Sprache ringen. Wir können uns sagen lassen, wie sich ihr Klang in fremden Ohren ausnimmt – es mitzufühlen ist uns nicht gegeben. Nichts lobeswürdiger als die Sprache an sich, des Menschen Seelensinn und Beseelungsmittel. Wem aber soll das Eigenlob der Muttersprache dienen? Lieber loben wir die Dichter. In seiner Scardanelli-Zeit las der »jammerheilige« Hölderlin dem jungen Wilhelm Waiblinger mit großem Pathos aus seinem *Hyperion* vor. An welcher Stelle er sich mit der Anmerkung unterbrach: »Sehen Sie, gnädiger Herr, ein Komma!«, ist nicht überliefert. Mag sein, es war in jenem Brief, den Hölderlin/Hyperion an seine »Himmlischungefällige«, an Diotima schrieb: »Ich bringe mich mit Mühe zu Worten. Man spricht wohl gerne, man plaudert, wie die Vögel, solange die Welt, wie Mailuft, einen anweht; aber zwischen Mittag und Abend kann es anders werden, und was ist verloren am Ende? Glaube mir und denk, ich sags aus tiefster Seele dir: die Sprache ist ein großer Überfluß. Das Beste bleibt doch immer für sich und ruht in seiner Tiefe, wie die Perle im Grunde des Meers.«

ECHONAMEN AUS UPPSALA

Zur Einführung der binären Nomenklatur für alles Getier und jedes Gewächs, erklärte Linné, er ehre die Allmacht des Schöpfers, aber Namen religiösen Inhalts gestatte er nicht. Keine Regel ohne Ausnahme. *Passiflora incarnata* nennt er die Passionsblume. Ansonsten ließ er sich lieber von Ovid inspirieren. Hera, Athene, Aphrodite und Paris in Blattgestalt umringen einen schwarzen Zankapfel am Stiel: *Paris quadrifolia*, die Einbeere. Im wilden Lappland unterwegs, tauft er die Rosmarinheide, die zwischen Felsen im Torfmoor wächst, *Andromeda polifolia*. Die rosa Glöckchen des Heidekrauts vergleicht er mit den lieblichen Wangen der an den Fels gefesselten Jungfrau, als die Untiere der Sage erscheinen ihm die Frösche und Kröten, die zur Paarungszeit Wasser auf die Schönblütige blasen. Weil kein Perseus bis nach Lappland kam, neigt die Blume ihr Haupt in Trauer. Atalanta, Apollo, Atropos, Semele und Mnemosyne läßt er im

Falterreich fortleben. Unter seinen Vogelnamen prägen sich besonders die echobildenden ein. Wenn er sie nicht dem Vogel selbst ablauscht, wie beim Wachtelkönig *Crex crex*, verdoppelt er die Vogelnamen der Antike: *Grus grus*, der Kranich, *Bubo bubo*, der Uhu, *Apus apus*, der Mauersegler, *Alle alle*, der Krabbentaucher, *Chloris chloris*, der Grünfink, *Anser anser*, die Graugans, *Cygnus cygnus*, der Singschwan, *Ciconia ciconia*, der Storch, *Nycticorax nycticorax*, der Nachtreiher, *Luscinia luscinia*, der Sprosser, *Regulus regulus*, das Wintergoldhähnchen, *Pica pica*, die Elster, *Troglodytes troglodytes*, der Zaunkönig, *Cinclus cinclus*, die Wasseramsel, *Perdrix perdrix*, das Rebhuhn, *Tetrax tetrax*, die Zwergtrappe. Und wenn sie nicht ausgestorben sind, dann leben sie heute noch im Bann der Zauberformeln des großen Linnaeus.

DARWINS DENKEN

Des großen Grüblers Schwäche war die Mathematik. »Meine Fähigkeit, einem langen und rein abstrakten Gedankengange zu folgen ist sehr begrenzt«, schreibt er ein Jahr vor seinem Tod in einer Ergänzung zu seiner Autobiographie, die der Einschätzung seiner geistigen Gaben gewidmet ist. Die Vogeljagd und das Sammeln von Insekten sind während seines Studiums in Cambridge seine Lieblingsbeschäftigungen. Dabei fürchtet er, die Entomologie könne in seiner »armen Birne« die Mathematik vertreiben. Nach drei Trimestern Privatunterricht bei einem »sehr langweiligen Manne« ist ihm die Algebra noch immer ein Buch mit sieben Siegeln, der Sinn irrationaler Zahlen so unbegreiflich wie der binomische Lehrsatz. Jahrzehnte später bringt ihn die schöne Regelhaftigkeit der Blattstellungswinkel zur Verzweiflung: »Wenn Sie wünschen, mich vor einem elenden Tode zu erretten«, schreibt er an den Botaniker Asa Gray, »dann sagen

Sie mir, warum die Winkelreihen von 1/2, 1/3, 2/5, 3/8, usw. vorkommen und keine anderen Winkel. Es genügt dies, den ruhigsten Menschen verrückt zu machen.« Im Rückblick auf sein Leben bedauert er, nicht den »Extra-Sinn« entwikkelt zu haben, der mathematisch Versierte auszuzeichnen scheine. Noch heftiger beklagt er den Verlust seines ästhetischen Empfindens. Warum ist ihm, den einst die Poesie von Milton, Byron, Wordsworth, Coleridge und Shelley entzückte und der sich schon als Schüler für Shakespeare begeisterte, in der zweiten Hälfte des Lebens alle Dichtung unerträglich geworden? Beim Versuch Shakespeare zu lesen befällt ihn Übelkeit. Auch seine Vorliebe für Gemälde und die Freude des Unmusikalischen an der Musik ist erloschen. Einzig Romane weiß er noch zu schätzen, »wenn sie nicht unglücklich enden – wogegen ein Gesetz erlassen werden sollte«.

Sein Geist scheint ihm »eine Art Maschine geworden zu sein, allgemeine Gesetze aus großen Sammlungen von Tatsachen herauszumahlen«. Ohne Scheu bekennt er, daß dem Verlust des Kunstsinns ein Verlust an Glück entspricht, auch für den Intellekt sei er nachteilig und, »noch wahrscheinlicher für den moralischen Charakter, da er den das Gemüt erregenden Teil unserer Natur schwächt«. Offensichtlich blieb, bei aller Verkümmerung seiner musischen Sinne, die Lauterkeit des Gelehrten ungetrübt.

ZEITGEBILDE

Zwei Konchylien, Spiralhöhlen zweier längst verschiedener Weichtiere: *Conus imperialis*, die »Kaiserliche Kegelschnecke« aus dem Indopazifik, eine Räuberin, die ihre Beute mit Giftpfeilen erlegt, und *Strombus luhuanus*, die »Erdbeer-Fechterschnecke« aus dem Westpazifik, ein algenraspelndes Geschöpf, das sich mit dem schmalen, spitzen Horndeckel seines Gehäuses wie mit einem Degen gegen Räuber zu verteidigen vermag.

Die harte Schale der Weichtiere ist das Werk ihres Mantels, einer Hautfalte, die den spiralig aufgerollten Eingeweidesack umhüllt. Die drüsenreiche Mantelhaut scheidet vor allem aus ihrem fleischig verdickten Rand ein Sekret aus Muscheleiweiß und Kalksalzen aus. Im Ausgeschiedenen trennt sich das Mineralische vom Organischen. Aus dem Eiweiß Conchin bildet sich die fingernagelartige Schutzhaut der Konchylie, das Periostracum. Die Unterseite dieses

Häutchens wirkt als Kathode, an der sich die Kalksalze der darunterliegenden Schalenschicht anlagern. In dieser Prismenschicht dient das Conchin als Bindemittel, das die zu Aragonitkristallen ausgeblühten Kalksalze zusammenhält. Durch das Aus- und Einstülpen der Schnecke wird das Gefüge während der Kristallisation gegen das gewölbte Periostracum gepreßt und gleichsam ausgewalzt. So entsteht aus dem feinen Gitterwerk sich überkreuzender Kristallstäbe ein überaus festes Schalengewölbe, für dessen Auskleidung mit einer Vielzahl hauchdünner Schichten eiweißgebundenen Aragonits die ganze Mantelfläche sorgt. Spiralwindung für Spiralwindung und Schicht für Schicht erschafft die Molluske im Rhythmus des Wachstums ihres Zaubermantels ihr herrliches Höhlenhaus. Tritt die Kaiserliche Kegelschnecke mit ihrem Bauchfuß aus dem Schlupfschlitz hervor, um im Seegras verborgen oder im Sand eingegraben auf Beute zu lauern, trägt sie ihre Schale wie eine umgekippte Tiara auf dem Rücken, so daß sie ihr Werk mit der Geheimschrift aus farbigen Bändern, Streifen und Punkten mit ihren am Fühlergrund sitzenden Augen niemals sieht. Der Fechterschnecke ist mehr Umsicht gegeben. Eine Einbuchtung im Schalenrand ermöglicht ihr, mit ihren langen Stielaugen zu erkunden, ob sie sich aus der geschlossenen Höhle wagen kann. Ausgeschlüpft könnte sie sich sogar auf den Rücken schauen, käme ihr diese Verwegenheit in einer von Feinden wimmelnden Welt je in den Sinn.

Die Schönheit der Schalen darzustellen, hat Ulrich Moritz die vor ihm liegenden Gehäuse wie aus der Schwebe ins Auge gefaßt. In ihren Anblick versunken wurde er nicht gewahr, daß er zeichnend in einer Anverwandlung an das Weichtier die Entstehung der Schale aus dem Mantel nachahmte. Seine der Gehäuseform folgenden zarten Farbschraffuren entsprechen dem gewölbten Gitterwerk sich kreuzender Kristallstäbe. Schicht auf Schicht sind sie so hauchdünn übereinandergelegt wie die Aragonitschichten im Inneren der Schalen. Niemand hat je mit der scharfen Spitze härtester Buntstifte, die für technische Zeichnungen gedacht sind, so augentäuschende Wirkungen hervorgebracht, die uns die Worte von Paul Valéry in Erinnerung rufen:

»Vielleicht ist das, was wir *Vollkommenheit* in der Kunst nennen (nach der nicht alle streben und die so mancher mißachtet), nichts anderes als das Gefühl, in einem menschlichen Werk jene Sicherheit der Ausführung, jene Notwendigkeit inneren Ursprungs und jene gegenseitige unlösliche Verbundenheit zwischen Gestalt und Stoff ersehnt oder gefunden zu haben, welche uns die geringste Konchylie vor Augen führt.«

QUELLENVERZEICHNIS

»Erinnerung ist das Leben selbst«. Zum hundertsten Geburtstag von Claude Lévi-Strauss. In: Welt am Sonntag, 23.11.2008.

Der gelbe und der blinde Fleck. In: Marcel Proust. Zwischen Belle Epoque und Moderne, hrsg. von Reiner Speck und Michael Maar, Frankfurt a. M. 1999.

Die gemordeten Kathedralen. In: Frankfurter Allgemeine Zeitung, 11.4.2009.

Das anmutige Rätsel des Erdbeerbaums. In: Frankfurter Allgemeine Zeitung, 2.6.2012.

Es war einmal Europa. Unter dem Titel: Die Kunst, Walfische zu schrumpfen. In: Frankfurter Allgemeine Zeitung, 11.11.2005.

Schwarze Schwungfeder der Verheißung. In: Frankfurter Allgemeine Zeitung, 20.5.2006.

Der sechste Sinn. In: Die fünf Sinne. Von unserer Wahrnehmung der Welt, hrsg. von Anne Hamilton und Peter Sillem, Frankfurt a. M. 2008.

D'Arcy Wentworth Thompson. Gelehrter, Sammler, Morphologe. In: Über Wachstum und Form, Frankfurt a. M. 2006.

Findelvögel. In: Frankfurter Allgemeine Zeitung, 22.3.2008.

Das Tier. In: Die Welt der Encyclopédie, ediert von Anette Selg und Rainer Wieland, Frankfurt a. M. 2001.

Kunst kommt von Kochen. In: Neue Zürcher Zeitung, 10./11.9.1994.

Die Gaben der Schildkröte. In: Johann David Schoepf, Naturgeschichte der Schildkröten, Berlin 2014.

Muttersprache. In: Lob der deutschen Sprache, hrsg. von Hans-Martin Gauger, Göttingen 2009.

Echonamen aus Uppsala. In: Je näher man ein Wort ansieht, desto ferner sieht es zurück, hrsg. von Klaus Reichert, Göttingen 2007.

Darwins Denken unter dem Titel: Darwins Mathematik. In: Frankfurter Allgemeine Zeitung, 4.3.2009.

Zeitgebilde. In: Zeit-Magazin, 15.3.2012.